杨绛先生

朱云乔 著

咪咕阅读
中国出版集团
现代出版社

图书在版编目（CIP）数据

杨绛先生 / 朱云乔著 .—北京：现代出版社，2017.1（2021.5 重印）
ISBN 978-7-5143-5092-0

Ⅰ. ①杨… Ⅱ. ①朱… Ⅲ. ①杨绛（1911–2016）—传记
Ⅳ. ① K825.6

中国版本图书馆 CIP 数据核字（2016）第 132627 号

杨绛先生

作　　者　朱云乔
责任编辑　崔晓燕　申　晶
出版发行　现代出版社
地　　址　北京市安定门外安华里 504 号
邮政编码　100011
电　　话　010-64267325　64245264（传真）
网　　址　www.1980xd.com
电子邮箱　xiandai@vip.sina.com
印　　刷　永清县晔盛亚胶印有限公司
开　　本　890mm × 1230mm　1/32
印　　张　7.25
版　　次　2017 年 1 月第 1 版　2021 年 5 月第 4 次印刷
书　　号　ISBN 978-7-5143-5092-0
定　　价　32.80 元

序言

在这个浮躁不安的时代里，她却活得平静而温润。百年沧桑岁月匆匆划过，锻造了她如初生婴儿般洁静高贵的灵魂。她是百岁老人——杨绛先生。

她像一朵幽兰，览尽时代风雨，寂静芬芳。拨去历史的斑驳旧迹，她的人生履历清晰地浮现在眼前。

称杨绛女士为“先生”是对其才学和为人的肯定和尊敬，其人其文，其渊博的学识，深厚涵养和人格魅力会让人不由自主地心生敬意。

世事皆有因果，大师并非天定，“先生”的经历也是如此。

完善的人格和家庭的幸福来自于充满温暖和关爱的成长环境。父亲给予了她富足的爱和良好的教育，也给予了她知己般的尊重；母亲的温柔滋养着她纯澈的灵魂；相亲相爱的姐妹让她远离孤单，学会了爱与包容。这些爱饱满了她的灵魂，庇佑着她走向成人和独立。

无常是生活的常态，磨难总是占据大比例的人生，但她一向坦然处之，不怨不怒。所以当爱情自然而然地到来时，喜悦加倍许多。美好的爱情，给了她这风雨一生中最好的礼物。

在那个高唱爱情凯歌的年代，众多的文人名士，演绎着爱的风花雪月和悲欢离合，而他们的爱，在那个时代的浪涛里波澜不惊，平静如水。

第一次的相逢，就仿佛早已命中注定。她与钱锺书，有着相近的家庭背景，相同的爱好，相似的观念……对的时间遇见对的人，这刚刚好的爱，是许多人可望而不可即的幸运。从相遇开始，他们始终陪伴彼此，白首不相离，守着爱情，踏过苦难，铸成文坛一对眷侣的佳话。

杨绛读到英国传记作家概括最理想的婚姻："我见到她之前，从未想到要结婚；我娶了她几十年，从未后悔娶她；也未想过要娶别的女人。"把它念给钱锺书听，钱当即回说，"我和他一样"，杨绛答："我也一样。"一段简单的对答，雕刻了坚定的爱，足以在漫漫人生路上，抵御命运的风沙。

杨绛不仅是"最贤的妻"，也是"最才的女"。她乐观而宁静的文字，充满了智慧，温润着无数人的心灵。她总是孜孜不倦地学习，47岁时，她开始学习西班牙文，翻译《堂吉诃德》，历时二十年，一本伟大的译著终于问世，她也因此获得了西班牙国王颁发的"智慧国王阿方索十世十字勋章"的殊荣。荣辱滤过生命，她的心头却波澜不惊。

多年后，岁月在她渐渐苍老之时，却给予了她沉重的打击。人生暮年，老病相催，女儿和丈夫相继离世，三个人在这漫漫人生路上，就此失散了，独余她一个人孤独地行走在这世间。她用剩下的时光，编写《我们仨》的故事，以温暖的回忆支撑生命。她喜欢将云谲波诡的世事变化揉化成一纸的平静如水，当你潜进那平平实实的文辞间，猛然惊觉文底是经历史洗练后的深厚与沧桑，一如杨绛先生本人性格的低调平静，貌似淡然祥和，但与其经历和学识相结合，细寻之下，你会惊叹地发现那种震动人心的力量。

这一生苦难与幸福的交织，在她的灵魂里留下了沉甸甸的智慧。得失悲喜，际遇如潮水涨落，面对生命的嘉赐，又或人生的无常，从从容容是她不变的姿态，智慧是灵魂里最丰厚的宝藏。她平静而温暖地活着，让人们忘记了时光的残酷，命运的无常，感到“活着真有希望，可以那么好”。

推荐序

杨绛先生走了，整个世界炸开了锅，我被朋友们纷纷告知消息。可那一天我却一直沉默，忍不住自问，为什么当她走了，才被整个世界记起？这让我有些难过。可我知道，杨绛先生此生善良宽容，愿以一生智慧，给人们最温暖的照拂，这也是为何多年来我对先生都深怀敬意。

杨绛先生离去，整个世界思念如潮，席卷网络。我们看到了各种方式的悼念。当她离去，许多人才发现，世间曾有如此才华横溢的才女，留下诸多经典之作；当她离去，许多人才发现，往昔岁月里，她曾那么温暖美丽；当她离去，许多人才发现，她的爱情，她的人生，如此富有生趣；当她离去，许多人才发现，她曾经说过那么多金句，又总是能说到人的心坎里……

可是，你看到的那些，都不过只是她生命中的某个片段。她真正的智慧，不只是那只言片语，而是蕴藏在她百年的人生里。

所以，衷心地希望你读一读这部作品。这是闺密朱云乔的心血之作，融汇了我们三个人对杨绛先生共同的怀念。犹记得那些年的下午茶时光，我、朱云乔、李清秋一起品读杨绛先生的作品，聊她的人生。智慧的种子，就深埋在那点滴时光里。一直以来，我们都时时感恩着杨绛先生的启迪。

我的朋友，就让我们微笑着目送杨绛先生离去。希望你能静下心来把这本书读下去，让她生命中温暖的力量，流淌到你的生命里，这便是我们对杨绛先生最好的怀念。

——夏墨于 2016 年 5 月 25 日

目录 Contents

序言 001

推荐序 001

第一章 | 童趣书香 001

第一节 时光跑在小时候 002

第二节 坐着轮船，泊到未来 008

第三节 命运的序曲裹着成长芬芳 015

第四节 温厚的父亲，温暖的知己 021

第二章 | 筑梦清华 027

第一节 有一种青春叫大学 028

第二节 选择一种命运 033

第三节 友谊比花园还芬芳 039

第四节 收一串脚印 045

第三章 | **相遇携手** 051

第一节 一相逢，胜却人间无数 052

第二节 执子之手，与子偕老 059

第三节 沉醉在异国岁月 065

第四节 天使来到身边 072

第四章 | **奔向故土** 077

第一节 走在巴黎的那一年 078

第二节 硝烟弥漫在“孤岛” 083

第三节 奔走在命运的路上 089

第四节 相伴细水流年 095

第五章 | **投身剧本** 101

第一节 炫舞在战场 102

第二节 剧场里的风云巨变 107

第三节 垒砌《围城》 113

第四节　胜利的曙光照彻生命　119

第六章 | **深陷苦难**　125

第一节　生命中不可承受之重　126

第二节　细碎的生活　132

第三节　苦难岁月流淌的故事　137

第四节　浪漫的菜园　143

第七章 | **辗转希望**　149

第一节　岁月辗转，终将团圆　150

第二节　迎接新生活　155

第三节　平静是最大的力量　161

第四节　《堂吉诃德》的勋章　166

第八章 | **伤逝暮年**　171

第一节　岁月无情，老病催人　172

第二节　只有死别，不再生离　177
第三节　我们仨　184
第四节　人生边上的智慧　190

第九章 | **平静人生**　195

第一节　文字里流淌的力量　196
第二节　母校的思念　201
第三节　垂馨百代共筑昆仑　206
第四节　一个人，守着三个人的故事　210

后　记　216

第一章 | **童趣书香**

在最初的岁月里绽放

第一节　时光跑在小时候

第二节　坐着轮船，泊到未来

第三节　命运的序曲裹着成长芬芳

第四节　温厚的父亲，温暖的知己

第一节　时光跑在小时候

记忆中那个伫立在窗前、仰望蓝天的女孩，不知在何时早已褪去了稚嫩，选择沉寂和温润，神色中多了一分安静和温润。回忆好似一位画家，在斑驳的时光长河中刻写隽永的美好。这数百年间的纷纷扰扰，在她眼里不过是蜕下华丽外衣的空壳，唯一值得眷恋的只是内部填充的属于自己的永恒。所以，她愿意静下心来，让席卷生命之光的微风轻抚脸颊；而我们也愿意静下心来，共同倾听这个名叫杨绛的女子的传奇一生。

犹记得那年，时光静好，生命的轮回承载着整个家族的喜悦与期盼，杨绛就是在这样的期盼中来到了这个世界。在北京一个租来的院子里，小小的生命开始绽放耀眼的光芒。初生的孩子，必定受到家族的宠爱，但却没有人能够料想到小杨绛会在经历种种后，洗净铅华，成就最美的一段传奇。

小杨绛虽然出生在北京，但祖籍是江苏。这样的南北结合，使得她的性格里有着不同于一般女子的温润与坚强。

杨绛的家庭，充满着和美与幸福，父母虽然是包办婚姻，但幸运的是两人年龄相仿，也志同道合，杨绛从小便没有传统婚姻带来的家庭问题，甚至可以在这样幸福的氛围中肆意享受父母和亲人的关爱。这种懂爱会爱的能力让她在面对今后的困难时一直保有希望之心，善待身边人，珍惜获得的所有。

杨绛的父亲杨荫杭，字补塘，笔名老圃，江苏无锡人。早年留学日本、美国，取得法学学位，精通日文、英文及多种外语。他特别好学，考证名物，溯流探源，精研中国南北各种方言，而且兼通诸多东亚各国已经消失的文字。他曾是同盟会会员、辛亥革命志士，有着检察官、律师、报社记者、学者的职业经历。性格刚正不阿，人生几多坎坷，可谓通才博识，铁骨冰心。

杨荫杭学识渊博，自然笔头功夫也是极好的，一生有过两部著作：《名学》和《逻辑学》。而在之后有人曾经询问过杨绛关于腐败之风的看法，杨绛丝毫没有犹豫地拿出父亲在《说俭》中的文字应对："奢靡是君主政体、贵族政体的精神追求。而共和之精神，则力求俭朴，'孟德斯鸠论共和国民之道德，三致意于俭，非故作老生常谈也'，绝不能'生活程度高而人格卑'！社会风气奢靡，会直接加剧贪污腐败、以权谋私的歪风邪气！"话语间字字都是很深刻哲学见解，透彻分析社会现状的原因和应解之道。百年前的文章，就是现今读来都甚觉精辟，令人肃然起敬。

在杨绛心中，父亲是个刚正不阿的人，作为一个知识分子，杨荫杭身上透出的是律己和公正的魅力，她喜欢将父亲描述为一个坚守自己信条的人，像是"铁面包青天"。这个称呼可不是随意乱取的，杨荫杭在北洋大学堂读书的时候，就因为看不过大家被“洋人事件”吓得厉害而主动站出来，最终被冠了个“滋事生非”的罪名，被学校开除。

可就算是这样，杨荫杭也丝毫没有后悔之意，独有的信念变成了支撑所有的利器。这种“知其不可为而为之”的传统知识分子的道德信仰是父亲身体里流淌的血液。守卫信念，不畏外胁，这种对信念的坚定和执着深刻影响着幼年的杨绛，成为她养成独立人格，拥有自我判断和理想信念的文化基础，而这种身怀信念感的特点也毫无保留地遗传到了杨绛身上。

杨家在当时算不上是富裕家庭，杨荫杭虽然拥有这些不凡的经历和头衔，但终究还是个“寒素人家”。小杨绛是第四个孩子，即便如此，杨家夫妻二人也并没有让孩子吃到苦头，虽然日子过得平平淡淡，倒也温暖。小杨绛除了有个神气的父亲，还拥有一个传奇的母亲——唐须荌。

唐须荌本是无锡人，在上海女子中学务本女中上过学，在那时也算得上少有的知识女性了。唐须荌身上凝结了中国传统女性所有的优点，贤良又持家，再加上读过书，自然透着一股宁静温煦之气。

小杨绛觉得母亲很漂亮，不是那种浓妆艳抹的美，而是自然的、天生的美。母亲不仅皮肤白皙，性格也温文尔雅，不急躁，一直以来都如此稳当妥帖，母亲成了杨绛心中美好与幸福的标榜。

父母之间的同心同德，伉俪情深，给了杨绛潜移默化的教益，她懂得了爱的伟大和不易。

唐须荌很喜欢读书，闲暇之时，便会翻开书本，她喜欢在群书中体会不同的世界，扮演不同的人物，经历不同的人生。《石头记》《聊斋志异》《缀白裘》……都是她的最爱。

不单单是简单的阅读，唐须荌时常会加入自己的见解，待与杨绛一说，杨绛认为母亲是聪慧的，这种文体感是很少有人能承载的，而母亲就是其中之一。也因此，杨绛对母亲产生了更多的喜爱和敬意。

在杨绛的印象中，很多时候，母亲都是娴静的，她常常手捧书本倚在窗旁，阳光轻洒在她的头发和侧脸上，镀上一层暖金色，为她更添了几许温柔和美的气息，这样的景象在小杨绛心里留下了很深的印记。

女子的美好，大抵如此吧！宁静而温润，泛着柔美的光晕，所以，杨绛一直希望成为母亲这样的人，如水般温柔静好，“利万物而不争”。美好的事物，可以浸润、滋养周围人的心灵，她们是幸福之源，是遇见的人的福音。

似水流年的岁月里，有平静美好的温暖，但也少不了柴米油盐酱醋茶的琐事，但无论生活是坎坷还是平顺，杨荫杭和唐须荌自始至终都相处融洽，没有争吵和伤害，更多的是理解和包容。即使面对困难，也不会相互指责抱怨，而是互相分担。

就这样，杨绛和姐姐、弟弟、妹妹们一直过着安稳幸福的生活。父母的融洽关系对于孩子的成长起到了不可小觑的作用，杨父杨母用开明的教育方式培养了一个又一个优秀的儿女。

书香门第的家庭氛围虽然能够给孩子提供知识和养料，但也很容易限制孩子的个性和发展。可幸运的是，杨绛的父母更愿意让孩子们自由成长，并注重培养他们足够的信心和耐心，而这些努力往往会收到意想不到的效果。

小杨绛的童年是由多彩气泡构成的美妙世界，她出生时瘦瘦小小的，为此杨荫杭还笑称非要双手很靠拢才能将孩子抱起；长大后杨绛虽也是全家个子最矮小的那个，却是所有人最喜爱的一个。

命运似乎对小杨绛尤为偏爱，从小父母充分的疼爱与包容让她获得充足的安全感，自己的健足使她有余力推己及人，并关怀别人。这种认知潜移默化地影响着她的为人处世，成为她一生的行为准则，一生的财富。温雅自然不失天性，便是儿时岁月车轮留下的滚滚印记。

幸福的家庭，为杨绛的人生撑起了一个温暖的背景，而烽烟滚滚的时代，却为杨绛拉开了一个巨大的时代幕布。

当时正值辛亥革命，中华大地上酝酿着一场声势浩大的改革，仿佛顷刻间一切都将会改变，抛弃传统、迎接全新成为整个时代的唯一主题。那时杨荫杭担任江苏省高等审判厅的厅长，而后又被调任至浙江省，全家也追随他的脚步来到了美丽的杭州。

杨荫杭本就是个固执的人，刚正不阿也是众所周知的，他心中的那套信念就像一把戒尺，时刻敲打着他，提醒他不要走上错路。只是这样的处世方式不是所有人都能接受的，当时的省长屈映光就到袁世凯跟前嚼舌根。

然而，天下事往往无巧不成书，袁世凯当时的秘书正是杨荫杭留学时的好友，所以很幸运地，杨荫杭非但没有受牵连，还被认定为好人。此事一出，虽然杨荫杭躲过了一劫，但是为了一家人的安危，他不得不明哲保身，离开杭州。就这样，在生命的旅途上，辗转一番，杨家人又声势浩大地重回了北京。

小杨绛毕竟年幼，对父亲的工作了解甚少，但自小的崇敬感只能有增无减，直至长大懂事，明白了父亲的为人，再回想这件事，更是为有着这样的亲人榜样而骄傲。

回到北京对于杨绛来说是人生一个很大的转折点，这个她出生的地方，于她来说不仅仅是一个简单的地名，还是承载了太多回忆与成长故事的城市。她在这里种下了一个情感的种子，让她难以割舍忘怀，这座城市又如同一位师者，让她明白了什么是不易，什么是人生无常。

重回北京，不仅仅有熟悉的情感和记忆，也有新奇的故事。例如，第一次见到满族人。这对于小杨绛来说就像是发现了新大陆。当时杨家所居之处的房东是一位满族妇女，时常身着旗袍，脚上蹬着高底鞋，这种高底不同于一般的鞋子，鞋跟处于鞋子正中央，受重力完全集中到脚底中间，困难度自然不可小觑。可小小的杨绛从来没有对此屈服过，她幼小的身躯里有颗勇敢的心，她愿意去挑战，长大后一定也要穿双这种鞋走走，好似克服了这个，而后的一切困难苦痛也就不再可怕了。

因为家庭关系，小杨绛一直受到良好的教育，先后就读过北京女高师附小、上海启明女校、苏州振华女中。父母对她的教育问题一直很重视，再苦也不能苦教育，这句话在杨家人身上得到了很好的验证。

杨绛是争气的，她对得起父母的疼爱，更对得起自己心中那份梦想，尽管还是那么小的一颗种子，但她坚信总有一天定会长成参天大树，充满盎然生机。

只是这样的美好和安稳并没有持续太长时间，由于时局动荡加之生活艰难，杨荫杭一家在北京并没有停留多久就决定回到故乡了，而这次变迁也成了杨绛心中不可磨灭的阴影。生活的拮据使小杨绛终究走出幸福编织的美梦，降落现实，被迫学会了成长。

第二节　坐着轮船，泊到未来

火车鸣起了汽笛，缓缓地驶离了北京站。杨绛好奇地趴在车窗边，看着两旁向后移动的人和建筑。她不知道列车在向前开动，以为外面的建筑动了起来。她想去问问父母这是为什么，但看到父母严肃略带伤感的表情，她又打消了这个念头。她老实地坐回自己的位置，不时向外面眺望，思考着自己小世界里的故事。

回故乡江南的旅程是漫长而艰辛的。杨荫杭一家从天津下了火车后，立马找了家客栈休息，准备两天后搭乘客轮赶往上海。一家老小和一大堆行李，都拥挤在不甚宽敞的客栈里，母亲唐须荌因晕车呕吐，无法照料孩子们，杨荫杭只能又当爹又当妈，照料着满地乱跑的孩子们。漫长的旅途，充斥着复杂的心绪和疲乏，可看到孩子就如同看到希望，他们给了杨荫杭源源不断的力量，给了他抵御一切疲惫的信念。

在休息两天后，母亲唐须荌的情况有了很大的好转。杨家人没有继续在天津逗留，当天上午，一家人就登上了天津开往上海的客轮，踏上了漫长的海上之旅。

海上的旅程是枯燥的。对于一个活泼好动的女孩子来说，宽敞的船舱也显得狭窄。小杨绛的姐姐们都安稳地躺在床铺上休息，她们不愿在晃荡的船舱上走动。父亲母亲也在床铺上说着悄悄话，似乎在商量着什么。小杨绛感到很无聊，趁父母不注意，悄悄地翻下了床铺。她小心地穿上鞋子，披上外套，蹑手蹑脚地走出了船舱。

走出船舱的那一刻，她深受震撼，她没有料想到，海上的夜景竟是如此璀璨。海风微微轻拂她的脸颊，她望向这无边的夜晚，感受到的是浩瀚的宁静，夜空中没有徘徊的乌云，只有一轮明月和满天的繁星。寂静的夜里，浪花翻滚的声音、螺旋桨划开水面的声音格外清脆，仿佛翻滚在她的心底。满天的繁星安详地挂在夜空中，照着夜空下熟睡的人。

渐渐地，夜深了，甲板上吹来微凉的海风，杨绛回到了船舱，心中想着甲板上的月亮，想着如诗如画的海面，夜里的海风从窗外吹过，也吹起了杨绛嘴角的一丝微笑。这一夜，杨绛睡得格外香甜，任由这船儿将一家人载到未来的时光。

在海上颠簸多日后，一家人终于来到了当时东方最繁华的大都市——上海。这座风云际会的城市，充斥着灯红酒绿的诱惑，但这里并不是他们旅程的终点，才下客轮不久，他们又登上了一艘拖轮，这才是前往目的地的最后一段旅程。

下了拖船后，一家人都非常疲倦，这些日子的旅程颠簸而劳累，每个人脸上都布满了倦色。但身为一家之主的杨荫杭不能休息，他下了船后，就去找可以让一家人落脚的地方。

很快，父亲杨荫杭就找到一处还算合适的暂住之地。房子虽然有些破旧，但好歹还算宽敞，可以让一家人舒服地住下。

这个新房子不同于北京的四合院，方正厚实，是典型江南水乡院落，有着江南民居特有的温婉细致。在这所房子的厨房后面，有一座连接院子后门的木桥，杨绛常常站在这座木桥上，看着河面上往来的船儿，仿佛一幅幅流动的画卷。

这样新奇精致的生活景致让杨绛感到十分好奇，因为每天她只需坐在自家的院子里，就可以看到往来的船只，这是在北京的处所里绝不能见到的场景。所以，少女的心，很快就被这美景占据了。

然而，并非所有的事情都是快乐、惊喜的，南方的饮食习惯让杨绛很不适应，尤其是河鲜之类的吃食。但家里人似乎对河鲜一类的食物很感兴趣，尤其是父亲，来到这里后，他经常吃一种做法简单的虾子。这种虾子从河里打捞上来后，先要简单地清洗一下，接着浇上调味的酱料，腌制一会儿就可以吃了。

对于这种鲜活的虾子，小杨绛实在难以下咽。她常常看着家人吃得津津有味，自己却无论如何都不愿动一下筷子。

时光日复一日地轮转，一家人在一起总是充满温暖与愉悦。就这样，杨绛和她的家人渐渐在这风景如画的江南安顿了下来。然而，岁月又往往不会永远安好，一场暴风雨正慢慢向杨绛一家人袭来。

在这里居住了一段时间后，家里的人都陆续感到了不舒服。其中，杨绛的父亲杨荫杭病得最为严重。

作为饱受西方文化熏染的知识分子，杨荫杭只相信西医的科学分析，断不相信中医望闻问切的疗法。这种想法在他心中根深蒂固，如同信仰，断不可侵犯。无奈之下，家人颇费周折，才请来无锡城里唯一的一位西医。他检查过杨荫杭的身体后，抽了些血装在试管瓶里密封。他告知杨家人，血样要送往上海化验，一周后才能有结果。

然而，这一周时间对于杨家人来说，是漫长痛苦的，在这短短七天的时间里，父亲杨荫杭的病情逐渐恶化，他的身体一日比一日虚弱，眼中的神采也渐渐暗淡下来。

刚生病时，父亲还可以稍微吃些清淡饭菜，到后来他每日只能吃一些米汤来维持身体。家人焦急地为杨荫杭想着各种办法，多次提出要请有名的中医来瞧病，可都被他拒绝了，他用微弱的力气固执地坚持着自己的信念，要等检查结果出来后再对症下药。

一周后，检查结果从上海发了过来，结果却是令人沮丧的，上海的医院居然没有查出什么结果。这样一来，无锡这边的医院也无法开出有效的药方，杨荫杭的病情就这样陷入了僵局。眼看着杨荫杭日渐衰弱，唐须荌请来当地有名的中医，来给杨荫杭做诊断。老中医看了看父亲的状况后，无奈地摇了摇头，表示无能为力。又一记重锤，敲击在了唐须荌的心上，随着杨荫杭渐渐虚弱，她的心中仿佛也渐渐失去了支撑。所以，她通知了这里所有的亲友，一起想办法。

杨绛后来在《回忆我的父亲》一文中，提到了这一天的状况。她回忆道：“我记得有一夜已经很晚了，家里好像将出大事，大家都不睡，各屋都亮着灯，许多亲友来来往往。”这一天晚上，无锡这边杨家的亲友都赶了过来，他们看着病情严重的杨荫杭，都不禁摇起头来。

的确，杨荫杭可是这家老老少少的支撑，就连婶婶和堂妹也要依赖父亲杨荫杭来生活。一旦父亲倒下了，一家人的生活简直难以想象。

母亲没有时间去伤心悲痛，她不得不迅速坚强起来。她决定要尽全力去挽救父亲杨荫杭的生命。素来柔弱娴静的母亲一把抹干眼角的泪水，便迅速坚强起来，成为一家人的支撑，哪怕有一丝希望，她也要挽救父亲的生命。四处奔波之下，终于，她请到了父亲杨荫杭旧日相识的一位中医华先生，华先生在看过杨荫杭的病情后，也觉得希望渺茫，但是迫于母亲的苦苦要求，他开了一张药方。

母亲唐须荌像抓住了救命稻草般，连夜生火煎药，亲自喂药。她不敢睡觉，夜以继日地坐在父亲床边，静静地守候着父亲。

母亲的日夜操劳没有白费，父亲的病情开始好转，几日过后，已经好了大半。父亲痊愈后，全家都松了一大口气。父亲说自己能够死里逃生，全靠母亲的功劳，那个药方倒没起多大用处。

的确，杨绛也认为，是母亲无微不至的呵护让父亲度过了这一劫。

杨绛后来总是感叹此事，假若父亲真的一病不起，那么，整个家庭的命运都将走向天平的另一端。家里的栋梁垮了，她就不太可能再去读中学、读大学、读研究生，也许很早就许配给人家，就更不可能遇见她的挚爱钱锺书了。

随着父亲的病渐渐痊愈，杨绛的家里也渐渐恢复了往日的祥和宁静。过往的故事无法假设，未来的故事也无法预料，也许这就是命运，命中注定杨绛会倚靠在父母坚实而温暖的臂膀下，在无声的岁月里无忧地成长。

作为父亲的杨荫杭，也在为女儿杨绛打算着。他不想让女儿在无锡的小学里读书，因为他觉得那里的孩子更多时间都在和小伙伴们打闹、玩耍，学不到新鲜而进步的思想。

所以，杨荫杭决定将杨绛送往上海的启明女校接受更好的教育，那所学校不仅讲授外文，还是杨绛姑妈和姐姐们的母校，在那里，她能学到更多的知识。

听到这个消息的杨绛很是期待，一想到要和姐姐们一起去上海读书，会有更多的见识，会听到更新鲜的故事，她就兴奋不已。然而到了临行前，她才感觉到，突然要离开家去远方读书又是多么痛苦。

后来杨绛回忆此刻时，也是颇多感触，她曾在《我在启明上学》一文中写道：

“妈妈再次问我：‘你打定主意了？’

我说：‘打定了。’

‘你是愿意去？’

‘嗯，我愿意去。’我嘴里说，眼泪却簌簌地直流，流得满脸是泪。幸好在那间昏暗的屋里，我没让妈妈看见。我以前从不悄悄流泪，只会哇哇地哭。这回到上海去上学，就得离开妈妈了。而且这一去，要到暑假才能回家。”

杨绛这才感到自己对家的温暖竟是这般割舍不下，她忍住心中的眷恋，不将自己的伤心表现出来。母亲为小杨绛准备了一个小小的箱子，让她在里面装些自己喜欢的物件。此外，母亲还送给女儿一枚崭新的银圆，让她好好保管着，嘱咐她等需要急用的时候再拿出来。

小杨绛从来没拥有过这么多的“财产”，她以前的“财产”，不过是买东西时母亲给的几枚铜板。她把银圆贴身装着，不时地去摸一下，生怕银圆会消失了。她知道，这不仅仅是一枚银圆，它还是母亲心中的爱和挂念。

小杨绛就这样离开了自己熟悉的家人，踏上了求学之路，那里的一切都是未知的，就像一颗巨大的糖果，吸引着杨绛好奇渴望的心。而它真正的味蕾，则需要杨绛在成长的岁月里细细品尝。

第三节　命运的序曲裹着成长芬芳

每个孩子都要经历远离家乡的悲痛，这是走向独立和成长的必经之路。小杨绛含着眼泪离开了熟悉的家人，她鼓励自己要坚强，不能让父母担心，她不忍心看到操劳的母亲再牵挂自己。

来到启明女校后，小杨绛看到了一个崭新的世界。这是一所教会学校，它的规模虽然不是很大，但比起小杨绛在无锡就读的小学，已是气势恢宏了。

这里有专门的修女们负责孩子们的学习和生活，孩子们都叫她们“姆姆”。修女们对孩子们非常严格，给她们设下了许多规矩，坏了规矩就要受到处罚。但小杨绛从没有被处罚过，她向来是乖巧可爱的，在哪里都能讨得人们的喜欢。她的性格无疑使得她在这里的时光是充满欣喜与欢乐的。

启明女校的课业内容十分丰富，基础的课业全部都有，此外，学生还可以根据自己的兴趣去选择喜欢的科目。比如，学校里开设有绘画课，教授油画、水彩画等，并由有专业素养的修女来担任教师。此外，学校里还开设有钢琴课，感兴趣的学生在交足费用后，就可以去学习弹钢琴。

如此丰富的学习生活让小杨绛感到很充实，一个浩瀚而灿烂的知识世界在向她敞开。新奇、多彩、神秘、美好、希望……无数的美好感受撞击着她的心。与此同时，对家里的思念，也被丰富的校园生活所冲淡。

校园里的美好，要远远多过严苛的规矩，因为这里的规矩虽然很多，但却没有那么严格地被执行，这让学生们感到很舒心。

在自修课时，不许随意走动，需要上厕所时，要到看课的修女那里请求。获得修女的许可后，才能走出自修室。

但修女们常常埋头在自己的座位上看书，头也不抬就答应了请求的学生。很多调皮的学生看准了修女的习性，就分散着向修女请假，免得修女起疑心。出了自修室后，就跑到花园、操场去玩耍，玩累了后，才悄悄溜进自修室。她们就像偷吃了糖果的孩子，充满快乐和小满足。

相对于同龄的孩子，年幼早慧的小杨绛更为沉静，虽然偶尔也会这样溜出自修室，但大多数时候，她都是静静地待在自修室里看书。

她心中惦念着父亲的嘱托，父亲的谆谆教诲总是徘徊在她的心头，她爱读书，更不想辜负父母的期望，也不想辜负自己心中的期许——成为父亲那样学识渊博的知识分子。

对于远离家乡的小杨绛来说，平日的课堂生活，还是非常愉快而又充实的。但每到周末时，家住本地的学生都要返回到家里，只留下小杨绛孤零零地待在寝室里。每到此时，浓重的乡愁就开始侵袭寂寞的心灵，父亲母亲、姊妹兄弟都远隔天边，那种想念缠在心上，她怎么挥也挥之不去。不由得，依凭着旧时的记忆，她会猜想亲人们在干什么，也许，一大家子正在热热闹闹地吃着午饭，嬉笑玩闹，脑海中的欢笑使眼前的冷寂格外喧嚣，她猛地摇摇头，暗暗告诉自己，必须坚强。

修女们也看出了小杨绛的心事，她们都很可怜这些远离家乡的孩子。于是每逢周末，修女们会给没有回家的孩子额外做些甜点，她们希望可口的点心能冲淡孩子们的不愉快。但任点心再香甜，到小杨绛的嘴里都食之无味，反而让她更加思念母亲做的食物，直到返家的学生们渐渐回到学校，欢闹才会渐渐冲淡杨绛的思念。

几个月后，这样的状况得到了改善，小杨绛的父亲杨荫杭来到了上海工作，在当时上海的申报社任主笔。虽然小杨绛不能每天都和父亲见面，但毕竟在同一座城市里，见面的机会比以前多了不少。这样的改变，让杨绛心中充满欢喜。

有一天周末，大姐突然来到了小杨绛的学校，要带小杨绛去见父亲。这让小杨绛高兴极了，她好久都没有看见父亲了，父亲清瘦的面庞已经在她脑海里有些模糊了，她在心中攒了很多话要对父亲说。

大姐带着兴奋得不得了的小杨绛来到了父亲工作的申报馆，小杨绛见到了久别的父亲杨荫杭。起先，伏案疾书的父亲并未察觉姐妹俩的到来，两人蹑手蹑脚地走到他的跟前，他觉察有人，抬起头来，才撞见两张明亮可爱的笑脸，不觉也笑出了声。

看到久违的父亲，久违的笑容，杨绛的眼眶突然就酸涩起来。原本要说的话，仿佛一下子都堵在了喉咙里，倒是什么都说不出来了。

父亲嘘寒问暖了一阵，就高兴地放下了手中的纸笔招呼着她们姐妹俩往外走，要带她们去吃大餐。

小杨绛走在父亲和姐姐身后，听着他们聊着自己听不懂的故事。虽然，她不知道父亲和姐姐在说什么，但能安静地听着他们聊天，小杨绛就感到心满意足了。

父亲带着姐妹俩来到了一家西餐厅。这是杨绛第一次吃西餐，所以，她在进了餐厅后有些拘束，望着桌子上的刀叉有些茫然。父亲看透了她的心思，低头对她说了几句话，让她学着自己的样子来吃饭。

吃饭的时候，小杨绛手忙脚乱地舞动着手中的刀叉，她学不来父亲的从容不迫，索性就一通挥舞刀叉，把餐盘里的食物切得七零八落。父亲没有说什么，只是微笑地充满疼爱地注视着小杨绛可爱的举动。

小杨绛总算狼狈地将食物吃完了，她抬头看到了笑着注视自己的父亲和姐姐，脸上不禁一片羞红，她知道，自己狼狈的吃相，要被他们嘲笑一阵子了。吃完饭后，小杨绛同父亲告别，她和姐姐又一同回到了学校。

有了父亲和姐姐的不时探望，小杨绛就不再感到孤单寂寞了。她不会在周末同学们返家时感到伤心，想到父亲就在自己的身边，她的心就安稳了。

在启明女校学习的三年里，小杨绛过得很愉快。在这里没有繁重的课业压力，也没有令人烦心的事情，她可以自由地学习自己喜爱的科目，吸收养分。

也是在这学习的三年里，小杨绛从一个懵懂的小女孩蜕变成一个知书达理的少女，像缤纷的花儿一样，在美好的青春里怒放。知识的泉水丰富了她的头脑，让她建立起了自己的价值观念。

很快，杨绛的生命又经历了一次转折。

在上海工作一阵后，父亲杨荫杭辞职引退。他觉得上海的环境太过复杂，不利于孩子们的成长，于是，杨荫杭一家人来到了苏州定居。

新的环境，新的景色，新的故事……就这样，杨绛又踏上了新的生命旅程。来到了苏州的杨绛，已经到了上中学的年龄，她便就近在振华女校读中学。

杨绛的中学生涯是短暂的，许多事情都已在她的脑海里渐渐淡去了，唯独有几件事，总会被她不时地想起。

一次，章太炎先生来到杨绛的母校讲演，学校安排杨绛作为学生代表去做记录，她以为这是一件轻松的差事，就毫不犹豫地服从了学校的安排。

到了章太炎先生讲演的当天，小杨绛早早就准备好了出发，但一些突发的状况，让她在讲演快要开始时才匆忙地赶到了会场。到了会场，她本以为坐在台下做记录就可以了，但工作人员把她领到了台上，有一个靠近章太炎先生的位置专门为她预留着。

这下可让小杨绛有些为难了，她紧张地坐在椅子上，连身子都不敢随意挪动，如坐针毡，更不敢看台下密密麻麻的听众，眼角扫到台下密密麻麻攒动的人头更是吓了一身汗，再不敢抬头了。

章太炎先生的讲演充满了哲理，但却又是深奥晦涩的。小杨绛想竭力去听清先生说的每一个字，但她很快就放弃了。先生讲的“掌故”不仅深奥难懂，而且还有浓郁的杭州腔调，小杨绛实在是无法理解。

小杨绛感到非常尴尬，她没法在纸上写下任何东西。她不敢看台下，台下那热切的眼神会让她惊慌失措。她唯有把目光集中在先生身上，直看到先生频频回头，疑惑地看她，她才作罢。

短短一个小时的讲演，在小杨绛的眼里，仿佛过了一个世纪。等到讲演结束，她也没有在本子上记下一个字。她红着脸将记录本交给了工作人员后，就马上冲出了会场。

小杨绛感到又羞又臊，她不敢去想那个空无一字的记录本，也不敢去面对对自己寄予厚望的老师。唯一值得安慰的是，她近距离地观察了章太炎先生的风范，也深切地感受到了先生渊博的学识。

当时的小杨绛不明白，她这个学生代表，只要装模作样地在本子上写几笔就可以了，真正的记录工作有专门的老师在负责。事后，老师和同学们都笑小杨绛迂腐，他们认为，就算随便在本子上写点什么，也不至于交白纸上去啊。小杨绛却有自己的理由，她宁可交白纸，也绝不弄虚作假，这就是她的骨气。

成长的岁月总是伴随着甜蜜与苦涩，一帆风顺的经历会让人飘飘然，只有那些苦涩的回忆才能让人走向成熟。这些苦涩的回忆，一直伴随着小杨绛，那是她成长的果实。

第四节　温厚的父亲，温暖的知己

20世纪20年代的中国大地，到处都弥漫着战乱、饥荒的气息，就连号称“人间天堂”的苏州城也不太平。学生们为了支持正在进行的北伐战争，纷纷走向街头游行、示威、抗议，但学生们的正义举动，经常会被一些居心叵测的人所破坏。他们混在人群中，趁乱在学生队伍中搞破坏，有些流氓甚至去轻薄女学生。

彼时杨绛已是十六七岁，因为生得娇小，看上去却只有豆蔻年华。近来游行、示威颇为频繁，她并不热衷。然而有一次，学校要上街搞一场动员宣传活动，需要有人站在街上大声呼喊，向路过的行人宣传。在机缘巧合下，小杨绛就被推举为上街宣传的人选。

杨绛很焦急，她个头矮小，一急又容易脸红，加之听闻素有无赖之徒轻薄女学生，如若硬着头皮上，肯定出尽洋相，但自己成了候选人，又推脱不得。无奈之下，她只得回家求助她的父亲。当时学校方面有规定，如果家里不同意学生参加游行、示威、宣传等活动，可以将意愿传达给校方，这样该名学生就可以不必参加此类活动。她想让父亲出面，向学校方面提出反对。

回到家后，小杨绛如实地将情况告诉了父亲。父亲了解了杨绛的情况后，没有立刻回话。他沉思了一会儿后，一脸严肃地表示，他不会替杨绛向学校方面提意见，杨绛要自己对学校说“不”。

杨绛难以理解地看着父亲冷毅的面庞，平素和蔼可亲的父亲，怎么突然变得这么决然，竟对自己置之不理，前所未有的失望无助和疑惑让她委屈异常。她默默转身打算就这样走开，父亲却叫住了她，但不是因为改变了心意。父亲把她叫到跟前，语重心长地跟她讲述了一个他亲身经历的故事。

在张勋复辟时，江苏本地有名望的人士联名写了一封拥护张勋的文章登报，他们在父亲不知情的情况上把他的名字也列入其中，杨荫杭得知此事后，并没有碍于面子隐忍了事。他立刻在当天的报纸上登了一条声明，表示自己的立场和对复辟的反对态度。虽然，这被很多人认为是不懂世故，但杨荫杭认为，名与器不可假人，自己的意见就应该勇敢地表达出来，不能轻易妥协。

敢于拒绝，敢于对违背自己意愿的事情说“不”，是一种勇气，一种处世的智慧。父亲以一己亲历言传身教可谓用心良苦，在尔后的岁月中，杨绛才慢慢领悟自我意志坚定的重要性，这一品质，让她受用终身。来到学校后，杨绛坚持对推选自己去宣传的人说“不”，虽然这换来了很多的不解和嘲笑，但杨绛始终没有动摇自己观点。

不久后，那些对杨绛的嘲笑都悄无声息了。因为，很多上街宣传的女学生都受到了骚扰，整个行动也因此取消。许多年后，在与友人的通信中，她承认自己不热衷英雄主义，且反对狂热的理想主义，这是她的行为哲学。但她同时又是坚信人的力量的，因而，她敬佩和同情那些上街宣传的女同学，她觉得她们有自己所欠缺的勇气。但杨绛更佩服父亲的睿智，是父亲的循循善诱让自己做出了正确的选择。

慈祥的父亲像一棵参天的大树，荫蔽着树下正在抽芽的小杨绛。杨绛努力地向上生长着，而父亲就在她身旁静静地伫立，沉默而伟岸，又总在她迷茫的时候，适时给她指引方向。

杨绛是父亲归国后的第一个孩子，从小就受到了父亲的偏爱。父亲生性喜欢安静，他在书房伏案疾笔时，不喜打扰。但杨绛是个例外，父亲在书房工作时，她可以在父亲的身边走动。

父亲偏爱杨绛的原因之一也是乖巧懂事的小杨绛很体贴父亲。夏日的午后，父亲埋头在书案上读书时，杨绛会沏上一壶浓茶送到书房。她蹑手蹑脚地走进父亲的书房，生怕惊动聚精会神看书的父亲。她轻轻地将父亲的茶杯斟满，把茶壶放在一旁，再悄悄地退到一旁。

后来，杨绛记忆中还常常浮现那时看父亲练字的场景，父亲的字遒劲有力又十分潇洒，杨绛站在父亲身旁，是又羡慕又崇拜，他时不时会对她讲解一下中国字的结构美感和笔法重点，如何下笔收笔，力道几分，通常话毕，还会让杨绛来试写一二。

父亲注视的目光总是让握着笔的杨绛生出些紧张来，倒不是怕责骂，而是担心写得不好负了期待，但温厚如杨父，即便她写得歪歪扭扭，父亲也会夸赞她几句，还说她有灵气。小杨绛听到父亲的夸奖后，心里乐得要开花了，她觉得自己仿佛沐浴在甜蜜的阳光下，而父亲的夸奖就是一颗香甜的蜜糖，让她心中美滋滋的。

在严寒的冬日，杨绛会在书房为父亲生起一盆暖暖的炭火，她坐在火盆边，把炭火弄得通红。有时，她会在一旁剥栗子，她纤细的小手灵巧地飞动着，不一会儿就剥了小半堆栗子。她把剥好的栗子放在父亲的身边，并不会马上离开，因为通常父亲会喊她留下来陪陪自己。

杨绛像一只可爱的精灵，在书房极轻极巧地走动，对父亲的阅读没有丝毫影响，他已经习惯这个女儿陪在身边。杨绛在书房里可以随意翻动父亲的藏书，父亲从不呵斥。有时，父亲兴致来了，还会给她讲几段风流逸事。

窗外，已是北风凛凛的寒冬；而窗内，却是一片温馨的暖意。父女俩在暖暖的炉边围坐着，饱满的栗子在炉火的熏烤下散发着淡淡的香气。小杨绛痴痴地望着讲得饶有兴致的父亲，她沉醉在父亲的故事中，早已忘记了外面肃杀的严冬，觉得此刻就是阳光明媚的春天。

平时，对于小杨绛生活中的琐事，父亲一般不会去干预，这些事情都由母亲去操劳。父亲更看重的是思想的教育。父亲从不刻板说教，他总是循循善诱，让杨绛在潜移默化中领会深刻的教育。

杨荫杭平常很少带孩子们去拜访朋友，他不想过早地让孩子们接触到复杂的社会。一次，父亲的朋友热情地邀请他们一家人去做客，推脱不过，杨荫杭只好带着一家人前往。

这位富有的朋友，派来了汽车来接应杨家人赴约，这种新鲜的交通工具，给杨绛带来了很大的震撼。她第一次乘坐如此舒适的汽车，坐在柔软的座位上，她感到无比舒适。然而，窗外飞快闪过的街道路景不禁让杨绛一阵头晕眼花，父亲见她不适应便嘱咐司机开慢点，晕眩感慢慢地缓解了下来，汽车虽好，无福消受啊，杨绛心里想。

来到父亲朋友家里，小杨绛再一次被震撼了。这座宅子面积并不太大，但装修非常考究，摆设也很奢华，而且，里面有十多位衣着不凡的仆人热情地为客人做着服务。小杨绛和她的姐妹们痴痴地看着眼前的这一切，无比欣羡。

回家的路上，姐妹们对这一次的见闻议论不休。父亲听到她们的议论后，并没有发表看法，只是对着姐妹们淡淡一笑，告诫她们不要羡慕，那不是真正值得追求的生活。

杨绛当时并不明白父亲的深意，而且对父亲的话语也充满了疑惑。但父亲平淡的话语，却一直印刻在她的心头。后来在岁月磨砺中，她也渐渐懂得其中奥义，避开了对功名利禄的追逐，坚守淡泊，静穆追远，守护着平凡与朴实的幸福。

第二章 | **筑梦清华**

煮一壶青春的浓香

第一节　有一种青春叫大学

第二节　选择一种命运

第三节　友谊比花园还芬芳

第四节　收一串脚印

第一节 有一种青春叫大学

青春的味蕾，总是丰富的，或是甜蜜，或是苦涩，但无论怎样，青春总是伴随着收获，收获知识，收获成长，收获领悟……

几年的女校学习让杨绛收获颇丰，她不仅打下了扎实的国学基础，而且在外文方面也有了一定造诣。她学习东西很快，振华女校原本需要六年完成的学业，她五年就读完了，而且取得了优异的毕业成绩，这样的成绩着实让父母感到异常的欣慰。

从振华女校毕业后，杨绛开始考虑选择大学的问题了。家里人对这个问题也很关心，毕竟这是关系到一个人未来和前途的大事，自然不能太过草率。

杨绛心仪的是清华大学的外国文学系，她一心想去那里深造一番。但在杨绛毕业那年，清华大学虽然开始招收女生，却没有在上海招生，这样杨绛就与清华大学遗憾地失之交臂了。而在杨绛毕业的一年后，清华大学来到南方招生，杨绛的几个学弟学妹们都考入了清华大学。

这就是命运，杨绛无法假设，亦无从选择。去不了清华大学，杨绛还有两所学校可以选择，一所是南京金陵女子文理学院；一所是苏州的东吴大学，这两所学校在当时都很优秀。但相对而言，女子学院比较闭塞，很少接触到外部的环境；而东吴大学则是男女同校，学习氛围也较为宽松，能够接触到形形色色的人。

于是，杨绛选择了去东吴大学。家里人都很支持，他们认为那里可以开阔她的眼界，也可以结识更多的朋友，这和学习知识同样重要。

落叶之秋的季节，杨绛来到了东吴大学就读。

葑溪之西，胥江之东，广厦万间崇。

这座陌生的校园，燃起了杨绛的好奇心，她想逛遍学校的每一个角落。她沉醉在初入大学的新鲜感中，却不知道这所大学会带给她一个崭新的世界，那将会是一条布满阳光和鲜花的旅途。

杨绛刚来到东吴大学时，还没有专门的女生宿舍，女生们暂时居住在一座小洋楼里。这本是一位美国教授的寓所，他离开后，就成了女生们的临时宿舍。小洋楼被花草林木环绕着，幽静雅致，郁郁葱葱的青藤已悄悄爬上纱窗，阳光在绿叶上荡了几个来回才斑斑驳驳地投进房间，使得光线有一丝幽暗，然而这丝幽暗又蓦地被少女们明亮的笑声冲淡了。

初入大学，杨绛与众女学生住在这样的小楼里甚为适宜，尽管第一年是几人合住，倒也不显拥挤。第二年，她与朋友才搬到从前教授男仆的小房间，房间并不太大，却很幽静，透过窗子，可以看到外面茂密的林木，有一种岁月静好的惬意。

一张桌，几把椅，两张小床，就是宿舍的陈设，简简单单。但只要能安静地睡个好觉就是足够的，更何况还有窗外如此美景。她全然继承了父亲的清俭，对于物质从来要求不多，因而反能知足常乐，自自在在。

东吴大学是教会学校，实行西制，除了课业学习外，素质教育在这里也深受重视，体育锻炼项目诸多。瘦瘦小小、文文静静的杨绛不免也被这种运动氛围所染，报名了女子排球队。从此，除了泡图书馆，在球场挥洒汗水就成了她第二乐趣。聪颖如她，一番苦练下来，瘦小的她竟成了队里的一把好手，后来又被推选参赛。

杨绛的第一次排球比赛，是和邻校的一支排球队进行的。比赛当天，同学们摇旗呐喊，加油助威，场面火热非常，杨绛心中的紧张在看到众好友都来为她打气时才有所缓解。

比赛进行到白热化阶段，双方平局，此时，轮到杨绛发球。她深吸了一口气，镇定地走向发球位，把球往空中一抛，右手奋力向球击去。这是一记漂亮的发球，对方没有接住杨绛的球，也使得杨绛为自己球队获得了一分。此刻场下一片沸腾，观众们热烈地为杨绛加油喝彩。众队友气势高涨，乘胜追击，对手渐渐败下阵来。

直到后来，每逢电视上有排球赛事，杨绛都要提起自己当年在排球场上的飒爽英姿，她一直津津乐道着自己的这记发球。

大学校园里的杨绛，就像一朵洁白的雪莲花，不禁惹得路过的男生行“注目礼”。许多男生纷纷向优秀的杨绛投来爱情的玫瑰，因为，杨绛身上具备了男生喜欢的特质。

进入大学校园，寝室“卧谈会”是少不了的乐趣，几个女生凑在一起就有说不完的悄悄话。这天杨绛都迷迷蒙蒙快睡着了，听见别的女生在谈论她，不禁伸长了耳朵。她们说杨绛人长得好，学习好，家境好，实在符合现在男生理想的对象，肯定有诸多追求者。

听到同学们对她的评价，她的脸像一个羞红的苹果，不好意思地把头埋进了被子里。彼时的男女交往是羞涩而懵懂的，他们内心雀跃却不善表达。

杨绛貌美几何，不得而知。不过，曾有这样的说法：“杨绛肄业清华大学时，才貌冠压群芳，男生求为偶者达七十余人，谑者戏称杨为七十二煞。”姣好的面容只是锦上添花，引来了爱慕的异性和旁人的艳羡。杨绛之美，除却容颜，可能更胜在宠辱不惊的气度和涵养学识吧，但她倒是从不认为自己是位美女，她既不醉心修饰，就自然是不看重皮相的。在这各种纷扰中，她的心依然静如止水。

在几年的大学生活中，杨绛杜绝了感情生活，一心沉醉在浩瀚的书海中，那里书香萦绕，丰富而有味，有她想要得到的知识和乐趣。又或许是她的真爱还没有出现，出现在杨绛眼前的男子，还不足以融化她那颗孤高冷傲的心。

在东吴大学的第二年，杨绛开始面临一个选择——文理专业。天资聪颖的杨绛各门功课都很均衡，东吴大学重理，按老师的建议，自然该是选理科的，然而她内心的愿望又是学文，举棋不定之下，杨绛打算问询父亲的意见。

父亲认为杨绛不太适合读理科，还是文科比较适合她。但东吴大学的文科专业较少，而且没有文学系，只有法学系和政治系。杨绛想到父亲从事律师行业，她去研读法律专业，以后还可以做父亲的助手。但父亲又打消了她的念头，他不想女儿从事律师行业，因为那样要接触形形色色的人，而且其中有很多心怀鬼胎的人，这会给女儿带来不必要的麻烦。

杨绛听从了父亲的意见，她选择了政治系。对于政治系开设的科目，她没有太大的兴趣，只要功课过关，她就不再奢求什么了，她把大部分的时间都用来博览群书。没有课的时候，她就泡在图书馆里。她经常坐在一个靠窗的位置，那里可以看到远处的湖光山色，读书疲倦时，她就望一望远处的风景。在那些与书为伴的安宁时光里，她感到一种平静踏实的欢愉。

她总是不知疲倦地阅读，清晨她就来到图书馆，到了夕阳西下，图书馆要关门时，她才不舍地从这里离开。

在东吴大学的这几年，她养成了嗜书如命的习惯，古今中外的小说，都被她翻了个遍。在众多的图书中，她尤为喜欢外国小说，那些跌宕起伏的故事，总是能把她的全部身心都引入另一个世界。

东吴大学是一所教会学校，因此尤为重视外语的学习，加之杨绛本身就喜欢外国文学，她阅读了大量的原版名著，这使她的外语水平直线上升。三年的学习下来，杨绛已经达到了很高的水准。

杨绛对书的痴迷，让父亲非常高兴，他乐于看到女儿如饥似渴地汲取知识。每次杨绛回家时，他都会拿出自己收藏的珍贵书籍和她分享，他们一起给书籍整理分类，一起修补破损的旧书。两人就像相识多年的老友，毫无拘束地切磋交流，父女二人的情谊让外人羡慕不已。

快乐的时光总是那么短暂，转眼间，杨绛已在东吴大学就读了整整三年。回首自己的三年时光，她没有遗憾，没有愧疚，只有沉甸甸的收获。她没有愧对静好岁月，这就是给青春最好的回报。

第二节　选择一种命运

人生总是要面对无数的选择，而正是这无数的选择促成每个人走出独一无二的生命轨迹。在东吴大学的第三年，杨绛就面临着人生方向的选择。

这年，校长为杨绛争取到了美国威尔斯利女子大学的奖学金，杨绛终于有机会可以出国深造了。此前，杨绛一直有出国读书的想法，但在此刻，她犹豫了。因为校长为她争取到出国攻读的专业是政治学，这并非她感兴趣的学科。

杨绛的父母对此并没有过多的干涉，他们尊重杨绛的选择，并且全力支持她的决定。父母给予她的支持，更加坚定了她放弃留学的念头。但她也不想给父母更大的负担，毕竟出国留学的费用是昂贵的，懂事的杨绛最终放弃了这次深造的机会。

同时，她的心里早就有对未来的规划，她要考取清华大学的研究生，去那里研修文学。清华大学的前身，是 20 世纪初用美国退还的“庚子赔款”余额所创办的一所留美预备学校。初建时名为“清华学堂”，因校址设立在清室遗园清华园而得名。1925 年，清华增设大学部；1928 年夏，正式改为国立大学。

对清华大学的向往，在很早时就扎根在了杨绛的心里，她渴望去那个大师云集的地方学习深造，那里有她仰慕的名家。并且，她的心中也一直有一个文学梦。

她从小就喜欢读小说，喜欢用手中的笔来表达自己的想法。可惜，东吴大学没有文学系，在那里，她不能实现自己的文学梦。当时的清华大学，云集了那个时期的很多文学界精英，光是外文系，就有数十位出名的学者，像王文显、吴宓、朱传霖、陈福田、黄中定、黄学勤等人，都是顶级的大师。

这些学者中，就有后来成为杨绛老师的王文显先生。王先生是当时中国戏剧界的精英，他写过很多优秀的剧本，也经常亲自操刀，指导一些戏剧的演出。他生长于英国，从小接受国外教育，曾受教于戏剧大家贝克，对欧洲的传统戏剧理论有很深的造诣。回国之后，他长期担任清华大学外文系主任一职，在他的影响下，清华大学涌现出了一批杰出的戏剧人才，如后来名噪一时的曹禺、洪深、李健吾等人，当然还有他的女弟子杨绛。

这些优秀的老师，为杨绛考取清华大学提供了的巨大动力。每当想到可以聆听这些老师的箴言，杨绛学习的劲头就倍增。

刚入学时，信心百倍的杨绛有些小小的失落。她漫步在清华大学的校园里，到处都可以看到衣着鲜丽的女学生，她们步态轻盈，举止大方得体，走到哪里都会吸引路人的眼球。而自己和她们比起来就相形见绌了，从苏州来此的杨绛，还没有那么入时的打扮。但不久后，杨绛就从这种失落中跳了出来。拥有着扎实文学基础和外文功底的她，很快就得到了老师们的赏识。

一次，梁宗岱先生给杨绛所在的班级教授法语。在课堂上，他为了考查学生们的法语水平，就进行了一项听写测试。结果，杨绛的听写测试成绩非常优秀，这让梁先生感到非常震惊。他没有想到，这么年轻的杨绛，就可以拥有如此高的法语水平。下课后，梁先生找到杨绛，当面夸奖了她的法语造诣。

在清华学习没多久，杨绛就见识到了大师们在课堂上的神采飞扬。同时，她也暗自庆幸自己当初的选择。

杨绛在北京求学的第一个暑假，兴冲冲地从北京赶回了苏州老家，迫不及待地想要看看阔别半年的父母。到了苏州后，家人们早已准备好迎接从北京回来的高才生。当天，杨绛的家里人都聚在一起，热热闹闹地为杨绛接风洗尘。

杨绛一家人其乐融融地围坐一桌，开开心心地吃着晚饭。吃饭时的谈话间，父亲杨荫杭无意地提到了自己的近况。

原来，在杨绛不在的这段时间里，父亲生过一次不大不小的病。父亲在出席一次庭审时，突然说不出话了，他被送往了医院，诊断出是患了中风。庆幸的是，父亲的中风并不严重，还没有危及他的生命安全。但是，曾经在法律界叱咤风云的父亲，不得不卸掉身上的重担，安心待在家里养病。

看着父亲若无其事地说出这个残酷的消息，杨绛已经控制不住自己情绪，她抱着父亲瘦弱的身躯，放声痛哭。父亲曾是整个家庭最坚强的人，他用坚实的臂膀撑起了一个大家庭。回想年幼时的她，经常在父亲怀里撒娇，赖着父亲不肯离开。父亲会耐心地哄她，直到杨绛心满意足地从父亲怀里跳下来。

这一刻，望着两鬓斑白的父亲，杨绛这才痛心地认识到，她坚强的父亲开始老了。

从那次生病以后，父亲就不再接手案件了，他一心在家休养身体。从此以后，父亲不能再像以前那样在法庭上挥斥方遒，他终是抵不过岁月的洪流，开始衰老。只是父亲手里还有一个案件没有完结，这让他心里一直有一个解不开的心结。

杨绛主动向父亲请缨，她要帮助父亲完成这桩未结的心事。放在以往，父亲是不会答应杨绛的请求的。他对自己的工作要求得极为严格，从不允许半点马虎。以前，杨绛也曾帮助父亲处理过一些法律文书，但父亲从她整理的文书中挑出很多错误，后来，干脆不让她插手文书的处理工作。

但这次，父亲答应了杨绛的请求，他让杨绛独自处理这个案件。父亲只跟她做了简单的交代后，就放手让她去做。杨绛没有辜负父亲的期望，她出色地完成了这个案件。

帮父亲处理完案件后，杨绛既开心又有些失落。她完成了父亲未了的心事，给父亲带来了安慰。但父亲再也不能处理案件了，这又让她替父亲感到一丝的失落，她体会到了父亲心底的寂寞和黯然。

杨绛的工作完成得极其出色，委托方给了杨绛一笔不小的酬劳。这笔酬劳后来被用作弟弟上大学的学费，这让她感到非常欣慰，她终于可以帮家里减轻些负担，为家人作些贡献了，这让她的心中充满了幸福感。

暑假很快就结束了，杨绛带着复杂的心情回到了北京。她要努力奋斗，不能再让家里替自己操心了。怀揣着这样的决心，杨绛开始了不懈的努力。终于，她考取了清华大学外文系的研究生。

成为清华大学的研究生后，杨绛的待遇就不再同于以前的借读生身份了。刚来清华大学时，她就被清华的馆藏图书深深地吸引住了。清华大学的图书馆在学生中一直享有很高的声誉，它的馆藏图书丰富，有很多市面上罕见的图书。后来，杨绛在《我爱清华图书馆》一文中，饱含深情地回忆了清华图书馆，文章内容如下：

我在许多学校上过学，但最爱的是清华大学；在清华大学里，最爱清华图书馆。

1932年春季，我借读清华大学。我的中学旧友蒋恩钿不无卖弄地对我说："我带你去看看我们的图书馆！墙是大理石的！地是软木的！楼上书库的地是厚玻璃！透亮！望得见楼下的光！"她带我出了古月堂，曲曲弯弯走到图书馆。她说："看见了吗？这是意大利的大理石。"我点头赞赏。她拉开沉重的铜门，我跟她走入图书馆。地，是木头铺的，没有漆，因为是软木吧？我真想摸摸软木有多软，可是怕人笑话；捺下心伺得机会，乘人不见，蹲下去摸摸地板，轻轻用指甲掐掐，原来是掐不动的木头，不是做瓶塞的软木。

据说，用软木铺地，人来人往，没有脚步声。我跟她上楼，楼梯是什么样儿，我全忘了，只记得我上楼只敢轻轻走，因为走在玻璃上。后来一想，一排排的书架子该多沉呀，我撒着脚走也无妨。我放心跟她转了几个来回。下楼临走，她说：“还带你去看个厕所。”厕所是不登大雅的，可是清华图书馆的女厕所却不同一般。我们走进一间屋子，四壁是大理石，隔出两个小间的矮墙是整块的大理石，洗手池前壁上，横悬一面椭圆形的大镜子，镶着一圈精致而简单的边，忘了什么颜色，什么质料，镜子里可照见全身。室内洁净明亮，无垢无尘无臭，高贵朴质，不显豪华，称得上一个雅字。不过那是将近七十年前的事了。

但在清华借读时，杨绛还不能自由地进出图书馆的一些珍贵典藏室。那时，她就渴望能够每日沉醉在图书馆浩瀚的书海中。那时，她就暗自下了决心，一定要考上清华大学的研究生。一年后，她不懈的努力，终于换来了清华大学的研究生录取通知。这下她终于可以自由地进出图书馆，这也抚慰了她对清华图书馆的倾慕之情。

第三节　友谊比花园还芬芳

在杨绛成长的前十几年里，父母的爱如温暖的春天带给了她无微不至的呵护。离开父母在外求学后，虽然有时候她也会感到孤独和无助，但这种感觉并没有持续太久，因为不论走到哪里，她总能遇到脾气相投的朋友，与之患难与共，不离不弃，携手共度美好的学生时代。

杨绛先生一直以睿智平和、波澜不惊著称，然而她小时候却是淘气顽皮，古灵精怪得很，其父向来倡导自由教育，让孩子随心性发展，不多加限制。在无锡读小学时，小杨绛与儿时玩伴度过了一段无忧无虑、天真懵懂的孩提时代。后来，杨绛来到了上海读女子学校。这里的管理非常严格，她向来成绩十分好，但身上的淘气劲儿未脱，有次，因为上课跟同学讲话，老师罚她站到下课，杨绛哇哇大哭起来，却又不是因为罚站本身，而是明明是两个人讲话只罚了她一人，她不服。可爱如她，尽管学校管理很严，杨绛和小伙伴们始终是天真活泼的孩童，自有她们玩耍的方式，就这样在学习和嬉戏玩闹中度过了在女子学校的时光。

杨绛来到苏州的东吴大学，在这里开始了她新的征程。此时的她，已经是亭亭玉立的妙龄少女了，她不会再像以前那样随性地玩耍了，她的心中已经明晰了未来的方向，并要为此付出努力。

命运借由缘分将志趣相投的人聚到一起，杨绛每日沉醉在浩瀚的书海时，便遇到了和她志趣相投的好朋友周芬。周芬同样是个刻苦学习的好学生，她曾在苏州市的演讲比赛中取得了第一名的好成绩。周芬为人勤快认真，生活中又是个热心肠，很容易获得大家的好感。

其实，两人的缘分，早在熟识之前就已经埋下了伏笔。她们在上东吴大学之前就已互相见过，只是还没有认识对方。她们的父亲曾是一个单位的同事，她们的亲戚之间也曾互相走动过，周芬还去过杨绛家里做过客。只是那时她们还都年幼，没有充分的时间让她们发展友谊。

天涯昆弟，一旦相逢，话旧故乡同。在东吴大学重逢后一见如故，她们成了形影不离的好朋友。杨绛是政治系的，而周芬却学的是医学，她们所修的科目不同，自然不在一起上课。但课下的时间，她们总是黏在一起，一起吃饭、散步、读书，是一对热络的姐妹淘。

杨绛身材小巧，而周芬身材高挑，她们走在一起时鲜明的对比，总是格外惹眼。

在刚进学校时，周芬和杨绛并不住在同一间寝室。后来，她们两人的关系越走越近，杨绛就干脆搬到了周芬的寝室去住。

周芬很勤快，她每天都很早起床，起床后就去洗漱吃饭，然后，就在寝室里静静地看书。杨绛喜欢晚睡晚起，这个习惯甚至跟了她一生，所以每每这时，她都还赖在床上，直到上课快要迟到，才急匆匆地从床上爬起来。

周芬知道她赖床的习惯，并不加以责怪，而是体贴包容。每次她去吃早饭时，都会为杨绛带回早点。杨绛爬下床，来不及仔细梳理打扮，简单地洗漱一番就要跑出门。每每都要被周芬叫住，提醒她吃掉早点，杨绛总会搂住周芬的脖子，狠狠地亲她一大口来谢谢她的早餐。

若是起床时还有充裕的时间，杨绛会在寝室里，慢条斯理地吃早餐。她们的早餐很简单，一般是馒头就着稀饭。但平凡无奇的馒头，也会被杨绛吃出花样。她起床时，寝室的女孩们都已吃过早饭，她们有的人直接就去教室看书，有的就回到寝室。若是不急着上课，杨绛总是要捉弄在寝室认真看书的周芬。

有次，杨绛把一小块馒头揉成细长的一条，趁周芬不注意，走到她身后，把这条虫子般的馒头丢到她的书上。周芬啊的一声尖叫，被她的恶作剧吓得花容失色，杨绛却从容地拾起书上的虫子放入口中，然后捧腹大笑地告诉她事情的真相。

周芬自是不肯放过"捣蛋鬼"杨绛，她要打她一顿才能发泄心头的恶气。于是，两人就在寝室里玩起了捉迷藏，你追我打，好不热闹。闹累了，周芬就不再理会杨绛，她又坐到椅子上安静地看书。而杨绛也会安静地坐在椅子上，享用她的早餐，一场不见硝烟的"战斗"就这样结束了。

许多女孩子总爱为一些小事斤斤计较，但杨绛和周芬都是大度的人，她们不会计较谁吃亏，自然也不会因此而吵架。她们趣味相投，性格互补，这更加固了两人亲密无间的关系。

杨绛不愧是天资聪颖，明慧灵敏，人道术业有专攻，通常人若有一己之长，也是必有一己之短的，例如钱锺书，文法是极好的，可数学考试只得十五分。但是杨绛的科目从来都是均衡发展，能参加排球比赛，能写一手好文章，通晓多国语言，对于音乐也是极有天赋的，百般功夫，她竟都有慧心慧根。

她自小学习乐器，颇晓声乐，精通音律。善月琴，工昆曲，能吹箫。周芬也善吹笙，沈淑亦能吹箫，杨绛与沈淑买了一对一样的九节紫竹洞箫，三人常常凑在一起演奏。音乐具有魔力，让三个可爱伶俐的少女的心愈贴愈紧。

因为怕影响其他同学的休息。于是，她们就来到校园里空旷的草地上进行演奏。青青的草地上，几个青春飞扬的女孩，用音符演绎着自己的心绪。这样的画面，格外动人，也吸引了很多人的目光。

一天傍晚，她们在草地上演奏时，几个喜欢杨绛的男生慕名过来，他们想过来搭讪。几位女生既羞涩又害怕，不敢在傍晚的草地上逗留，连话都没说，就从草地上落荒而逃。

从那以后，她们就只在寝室的楼道里低声地轻奏。在不懈的努力下，她们的组合终于在校园里有了名气，甚至登上了校园民乐队表演的舞台。三人将美丽的音符，传递到更多人的心里。

共同的爱好让杨绛和周芬越走越近，几年的生活下来，两人的友谊渐渐升温，她们无话不谈，视对方为至亲姐妹，坦然地交出心中秘密。

然而，安宁平静的生活在杨绛大学四年级的时候被掀起了狂澜，骚动和不安笼罩在学校的上空。

东吴大学是一所西制教会大学，并不被当时的政府所接受。一些学生和组织，为了让东吴大学被政府接受认可，就在学校里闹起了学潮，希望借此让东吴大学成为国立大学。

学潮刚开始时，并没有几个人参加，大多数人都处在围观、看热闹的状态下。但没多久后，在某些组织的鼓动之下，事态的发展急转直下，学校里的日常工作已经无法展开，所有专业也都停课，甚至连图书馆都已无法进入。

这还不算最恶劣的情况，没过多久后，学校里的电话线被掐断，学校内外陷入一片瘫痪的状态。当时的政府为了平定骚乱，派大量警卫驻守在学校周边，任何人都不准随意进出学校。

杨绛的家里人并不知道学校里的情况，他们以为杨绛还在学校里安心地学习。直到有一天，母亲的一位朋友无意间得知了这一情况，他马上把这个消息转达给母亲。

母亲得知这一消息后，非常担心杨绛的安全，她没有通知丈夫，就先派司机开车带她来到了东吴大学。到了学校后，母亲见杨绛安然无恙，总算松了一口气。她让杨绛赶紧收拾行李，回家住一段时间。杨绛想离开学校，但又不想让周芬一个人留在这里，她左思右想，终于想出了一个计策。

她们把行李都收拾好，让母亲带着行李先离开，这样警卫就不会限制母亲出校，而她们俩就不用带任何东西，出校时也不会引起怀疑。她们商量好后，母亲带着两人的行李，先从学校离开，在约定好的位置等待两人。

等到下午四时，学校允许学生在校门口自由活动一段时间。她们计划在校门口的小吃摊上徘徊一段，然后趁警卫不注意，两人就从校门口溜走。

那天的警卫有些放松，两人没费多大力气，就轻松地实现了她们的计划。她们来到和母亲约定好的地方，顺利地离开了混乱的学校。

停课持续了很久，杨绛和同学们商量去燕京大学借读，家里同意了杨绛的决定。她和周芬还有另外几个同学，就一同来到了北京。她们一行几个人都通过了入学考试，但只有杨绛去了清华大学，而周芬则去了燕京大学。

形影不离的好姐妹就这样分开了，她们的心里都有难以言表的不舍。好在她们的学校距离不是很远，所以两人一有空就聚在一起，一起回味往日里的趣事，回味曾经的岁月。

那是最美好的岁月，无忧无虑的日子里有知己相伴，她们一起疯狂，一起欢笑，一起高歌，一起痛哭。那时，她们都不会感到孤单，也不会感到无助，因为友谊的力量在支撑着她们前行。

第四节　收一串脚印

几经周折，杨绛终于从一名借读生转为清华大学的研究生，这也离她的文学梦更近了一步。成为清华大学的研究生，不仅是一种身份的转换，更意味着更前沿的思想和更高远的视界，清华是大家集结之地，能睹其风采，学其技艺，这是让当时许多学子无比欣羡的事情。

当时，杨绛就读的外文系有很多大师，他们都是声名斐然的学者。在这些学者中，尤以王文显先生和吴宓先生带给杨绛的帮助最大。

王文显先生主要从事戏剧创作和戏剧理论研究，他的观点在当时很新颖，他的观点也启发了很多清华的学生，如后来著名的戏剧家曹禺、洪深、李健吾，都曾受过他的影响。杨绛后来虽然没有专攻戏剧，但她偶涉戏剧界，《称心如意》是杨绛的话剧处女作，与后来的《弄真成假》并称为现代喜剧双璧，其中，王文显先生自然功不可没。

外文系另一位对杨绛影响颇深的老师，是博学多才的吴宓先生，被称为中国比较文学之父。吴宓先生是位老清华，他很早就从这里毕业，后来赴美留学，归国后又回到清华大学任教。钱锺书在清华上学时，就曾聆听过吴宓先生的教诲。毕业后，也一直与吴宓先生保持着联系，他有问题要请教先生，就托杨绛将信件转交给先生。杨绛也情愿做这个送信的使者，因为，她觉得吴宓先生从不摆架子，十分平易近人。

当时，杨绛选修了吴宓先生的“中西诗学比较”“翻译术”等课程，在课堂上，她充分领略了吴宓先生通晓古今、学贯中西的博才，当然，她也从先生那里学到了很多有用的知识，这为她后来的翻译工作打下了坚实的基础。

朱自清先生的散文清隽沉郁，真挚质朴，早已名扬内外，杨绛非常期待上先生的散文写作课，盼能窥得其作文妙法。选修朱自清先生课的人很多，能够挤进教室里的人都是幸运儿，杨绛也是幸运的，她早早就赶到教室，占到了一个前排的位置。环顾四周，尽是和她一样抱有期待的学生，她料想先生的课定是讲授一些写作散文的技巧和方法。

然而梦想之路没有捷径可走，先生并没有讲授什么创作秘诀，他留给大家一个作业，完成一篇名为《收脚印》的作文。

杨绛心头有些小小失落，但细细想来，先生定是有其深意。一来这可以考查同学们的创作功底；二来先生是想告诉同学们，文学创作没有太多的技巧可言，踏踏实实地多写些文章来练笔，才是文学创作的正路。

领会到先生的意思，杨绛开始动笔写这篇文章。“收脚印”在江南有一种解释，那就是人死前会沿着一生走过的路再走一次，类似于对一生的回顾、总结。当时的杨绛只有二十二岁，可年纪轻轻的她，写起这篇人生感悟的文章却并不稚嫩。她精心写完这篇文章，交给了朱自清先生。

朱自清先生被杨绛优美的文笔感动了，杨绛的作品得到了他极大的赞赏。他把这篇文章推荐到了《大公报·文艺副刊》的编辑沈从文那里，文章在不久后登报发表，这便成了杨绛的处女作。这篇文章展现了初入社会的杨绛对生活的一些感悟，她从江南关于“收脚印”的传说写起，描写了冷寂月夜，灵动的星空，这些描写都蕴含着她深深的思考。她的文章是这样的：

> 听说人死了，魂灵儿得把生前的脚印，都给收回去。为了这句话，不知流过多少冷汗。半夜梦醒，想到有鬼在窗外徘徊，汗毛都站起来。其实有什么可怕呢？怕一个孤独的幽魂？假如收脚印，像拣鞋底那样，一只一只拣起了，放在口袋里，捎着回去，那么，匆忙地赶完工作，鬼魂就会离开人间。不过，怕不是那样容易。
>
> 每当夕阳西下，黄昏星闪闪发亮的时候，西山一抹浅绛，渐渐晕成橘红，晕成淡黄，晕成浅湖色……风是凉了，地上的影儿也淡了。幽僻处，树下，墙阴，影儿绰绰的，这就是鬼魂收脚印的时候了。
>
> 守着一颗颗星，先后睁开倦眼。看一弯淡月，浸透黄昏，流散着水银的光。听着草里虫声，凄凉的叫破了夜的岑寂。人静了，远近的窗里，闪着一星星灯火——于是，乘着晚风，悠悠荡荡在横的、直的、曲折的道路上，徘徊着，从错杂的脚印中，辨认着

自己的遗迹。

……

第二天黄昏后，第三天黄昏后，一夜夜，一夜夜：朦胧的月夜，繁星的夜，雨丝风片的夜，乌云乱叠、狂风怒吼的夜……那没声的脚步，一次次涂抹着生前的脚印。直到那足迹渐渐模糊，渐渐黯淡、消失。于是在晨光未上的一个清早，风带着露水的潮润，在渴睡着的草丛落叶间，低低催唤。这时候，我们这幽魂，已经抹下了末几个脚印，停在路口，撇下他末一次的回顾。远近纵横的大路小路上，还有留剩的脚印吗？还有依恋不舍的什么吗？这种依恋的心境，已经没有归着。以前为了留恋着的脚印，夜夜在星月下彷徨，现在只剩下无可流连的空虚，无所归着的忆念。记起的只是一点儿忆念。忆念着的什么，已经轻烟一般的消散了。悄悄长叹一声，好，脚印收完了，上阎王处注册吧。

这篇文章深深地打动了朱自清，他很赞赏杨绛细腻的笔触和丰富的心思。之后，他又推荐了杨绛的小说《璐璐，不用愁！》到《大公报·文艺副刊》发表，两篇相继发表的小说，引领杨绛走上了文学创作的道路。

两篇文章相继发表后，杨绛开始憧憬着自己的作家梦了，她没想到幸福来得这么突然，她不禁在心中高呼："我要当作家了！我要当作家了！"她憧憬着自己的作品摆在书店的展示架上，往来的顾客都会看到她的作品，一些读者看到她后，还会激动地找她在书上签名。虽然，她的憧憬有些遥远，但她相信，只要持之以恒地努力，梦想一定能实现。

不久后，《大公报》就给她寄来了稿费。稿费虽然只有五元，但对杨绛来说却意义重大，她要好好利用这笔资金。她没有先想到给自己买什么东西，而是惦记着自己最爱的亲人。

她用四元钱买了上好的毛线，打算给母亲织一条围巾，她没有多余的时间，就边看书边织围巾。剩下的一块钱，她买了当时很有名的咖啡糖，她想给亲人们尝尝鲜。围巾织好后，她把咖啡糖裹在围巾里，一起寄到家里。

从邮局走出来后，杨绛感到心里甜甜的，虽然她没有吃到咖啡糖，但她似乎已经看到了妹妹们开心地吃糖的样子。暖暖的围巾戴在母亲的肩上，顽皮的妹妹们围着母亲身旁抢糖果，一切都是那么其乐融融。

幻想总是要被“残酷的现实”所击败，寒假时杨绛回到家里，才知道她寄回来的礼物全都被妹妹们破坏了。她辛辛苦苦织的围巾，被妹妹们拆了；那些咖啡糖，也被妹妹们偷偷吃掉了。杨绛有些哭笑不得，但她对两个活宝妹妹无可奈何，她还是开心的，毕竟自己的劳动果实给妹妹们带来了巨大的欢乐。

初入文坛的杨绛，在她的两篇小说中展现了她的天赋。许多人都赞叹她是少年天才作家，但只有她自己知道，她为了创作小说，阅读了多少古今中外的名著，做了多少练笔。而未来，她要为之更加努力，书写下一串串瑰丽的故事。

第三章 | **相遇携手**

只等你来地老天荒

第一节　一相逢，胜却人间无数
第二节　执子之手，与子偕老
第三节　沉醉在异国岁月
第四节　天使来到身边

第一节　一相逢，胜却人间无数

缘分是一种玄妙的力量，让不同世界的人在彼此的生命中交织，相遇，相知，相爱，相守。于是，平淡的岁月刹那间被渲染上缤纷的颜色。

再传奇的女子都无法拒绝爱情的美妙，杨绛自然也不例外。她渴望爱情，渴望拥有一段像父母那般执子之手、与子偕老的平静灿烂之爱。彼时命运仿佛听见了她的心声，对她偏爱之至，就那样将爱情置放于转角处，等待着杨绛自己的偶然相遇。

那是 1932 年，青春洋溢的杨绛同四个同学一起踏上了北上求学之路。在燕京大学参加了入学考试后，杨绛突发奇想想去清华大学看看老朋友蒋思钿，恰好同行的孙令衔在清华有一个表兄，杨绛便与他一同去了。正是看似平常的探访，却在不经意间改变了她的一生。

到了清华，本就相好的两个人自然是开心得不得了，蒋恩钿拉着杨绛不肯放手，非得将所有过往都谈尽为止。一番交谈下来得知杨绛是来北京求学的，心中顿时有了不解，为何不来清华？

这一问倒是把杨绛给问住了，本来打心底里她就喜欢清华，只为了一起北上的同学待在一起便舍弃了这份喜欢，加之相关手续都办妥了，杨绛也没想过要平添什么麻烦。只是被好友这么一问，却又把心中强压下去的渴望重新唤回了。

傍晚，孙令衔来接杨绛回去。3 月初的夜晚温度适宜，舒适冰爽，孙君不是一个人，他还带来了表兄，这位表兄正是钱锺书。古月堂照例男生是入不了的，两位儒雅青年只得默默等在门口。杨绛回忆说："我从古月堂钻出来，便见到了他。"

孙令衔在中间作了介绍："这是杨季康。""这是我表兄钱锺书。"如此便算相识了。并没有过多的话语，她只记得，他青褂布鞋，脸上挂着老式眼镜，儒雅谦和，目光中透着自信和睿智。他只记得，她气质脱俗，白纸若曦，面若桃花，顾盼中略带一丝腼腆。那时晚风习习拂面，门前老树窸窸窣窣发出声响，树影婆娑。未及深谈，杨孙二人就与钱锺书作了别。

他们相视一笑却就此牵绊一生，月老似乎早已将二人拴在了一起，中间那条长长的红丝线是那样醒目、那样耀眼。爱情的大道理她自然是不懂的，唯独觉得他干净、舒服，透着一股书生气。也许，这就是自己喜欢的吧，相处下来那样静默，如若浅浅的溪流静静流淌。

杨绛最终决定进入清华，蒋恩钿倒是个细心的人，帮着杨绛弄好了所有的入学手续，还极为大方地将自己的床铺让与杨绛住，一切都像是命中注定般在短时间内水到渠成，杨绛就这样开始了在清华园的借读生活。

自从那次偶然间的相见后，杨绛与钱锺书两人都没能忘记对方，惊鸿一瞥胜却千百次的回眸。还是青涩之人，两个人谁都不敢最先跨出那一步，倒是默契般地都向孙令衔打听过对方。

但这一“打听”，两人心中却不免失落，从孙先生的口中，杨绛得知钱锺书已经订婚了，而钱锺书也知晓杨绛有男朋友了。这样的消息，就像是两颗炮弹在两人心中炸开了，牵扯出一阵阵难以平复的伤感。

孙令衔如此说法，终究还是事出有因的。先说说杨绛这个“男朋友”：费孝通，与杨绛已经是认识多年的朋友。这个男子自小就矮小瘦弱，虽然身体不好，却拥有着极为聪明的头脑。1902年时，费孝通随全家搬至苏州居住，由于母亲与时任苏州振华女校校长的王季玉是好朋友，凭着这层关系就想让儿子去振华女校读书。

毕竟是个男孩子，要去全是女生的学校读书费孝通是坚决不肯的。但母亲是个严厉之人，这件事也容不得他再三推阻，最终在没与儿子商量的情况下便使费孝通成了振华女校中唯一的男生。

最初自然是有所怨恨的，只是随后这种怨恨就变成了庆幸。当时去到女校读书，费孝通是与杨绛同班的，学习成绩同样优异的杨绛立刻就吸引了他的目光。只是都是小小少年，情爱都是很缥缈的东西，任谁都无法深刻领悟，最多就是心中有好感罢了。而这份好感，让他在女校的时光变得美好起来。

后来两人又都同时考上了东吴大学，优秀的杨绛在这里变得更加光彩夺目，大学里并不缺少男生，而这些男生又是敢于表达感情的人，追求杨绛的男生也就多了起来。

直到这个时候，费孝通才感到内心有着很大的变化，第一次直面自己对杨绛的情感，明白了这不仅仅是好感那么简单，而是深深地喜欢上了她。越想就越想得到，有一次费孝通更是当着所有追求杨绛的男同学面宣布："我跟杨季康是老同学了，早就跟她认识，你们追她，得走我的门路。"

"当众表白"事件一过，费孝通便开始主动追求杨绛，两人不管是学识，还是家庭条件都是极为般配的，所以当时所有人都以为两人是在交往了，唯独杨绛本人并没有承认过这层关系。

对于费孝通，杨绛并没有爱情的感觉，自始至终都将其当作同学，当作一位朋友。不是她不懂情爱，而是她没有遇到属于自己的那个对的人。而在遇到钱锺书之后，杨绛忽然明白，这样一个人，才是她真正想要的。

再来说说钱锺书这一方面：跟他订婚的是孙令衔一个远方姑妈的养女，名字唤作叶崇范。可这件事情只是两家大人很为上心，叶家那边自然是看中了钱锺书的学识，有意想招他做女婿，而钱家这边也觉得尚好，便同意了这门亲事。只是钱锺书一直没有点头同意，直到遇到了杨绛，他的心门才算是真正地打开了。

面对内心真实的情感，任何困境也就不足为困了，即使是听说了杨绛有"男朋友"这个消息，钱锺书还是无法做到忘记这个女子，最终，他还是写信将她约了出来。

见面还未寒暄，钱锺书便脱口而出："我没有订婚。"杨绛听后也立即回复道："我也没有男朋友。"只是简单的两句话，两人便明白了的对方的心意，前面所有的误解也都全部消除了，至此，杨绛与钱锺书两人的崭新生活就这样开始了。

要说是“一见钟情”，杨绛却并不认可，在与钱锺书正式见面之前，她对这位才子便早有耳闻了。就算在清华大学这种高等学府里，钱锺书也是脱颖而出的，不仅有才华，人也长得很英俊，任谁都无法忘记这样一个男子。

而在回忆第一次见到杨绛时的感受，钱锺书这位才子作了一首诗来表达：“颉眼容光忆见初，蔷薇新瓣浸醍醐。不知腼洗儿时面，曾取红花和雪无。”诗词极美，就像是他心目中的杨绛，美丽大方，青春活泼。

误会消除过后，两人算是真正交往了起来。但最初，他们也只是书信上的来往，颇有一股“君子淡如水”的风格。杨绛不爱写信，但钱锺书是极其喜欢的，才子的所有智慧都体现在了这些文字上面，包含着热烈的情感，交于杨绛的手中。

那时，只要回到宿舍，杨绛都知道有一封属于她的信正等待着她开启，轻轻的一纸信笺，让她的心中装满了沉甸甸的幸福感。每每微笑着阅读后，心中久久无法忘怀这份心动，她明白自己是真的爱上了钱锺书。就这样，他们内心的情感细流，通过一封封书信，交融在一起。

情是一种甜蜜的蛊，它会幻化成一种深深的渴望，渴望见到爱人的容颜，渴望听到爱人的声音，渴望知晓爱人的心意……当杨绛结束了在清华的借读生活后，钱锺书希望她再补习一段时间，然后考取清华的研究院，这样两人还能继续同学一年。男子的热情与执着是显而易见的，他生怕失去了杨绛，为此还提出了订婚，倒是被杨绛以太仓促的理由拒绝了。

暑期就补上清华四年的课程，决计是不可能的，最终，杨绛还是回到了苏州，经亲戚介绍，做起了小学教员的工作。本以为这会是一项很清闲的工作，自然能应付自如，但事实却并非如此，真到了教书那一刻她才发觉自己全错了，她有太多的知识没有掌握，还缺乏教学经验，这些都是需要下功夫好好补上的。

由于工作上的压力，杨绛便想着将报考清华研究院的事情推后一年，但是钱锺书坚决不同意，为此两人也有过争执，杨绛甚至好长时间都没有搭理他，钱锺书还以为她要放弃这段感情了，自然是伤心得不得了，心情忧郁，眼中渐渐失去了幸福的光华。感情的路上，免不了磕磕绊绊，而在经历感情的起伏后，两个人也更加懂得珍惜。

经过一段时间的冷战后，杨绛最终决定让钱锺书前来苏州，拜见一下自己的父母。这样的行为已经表明了杨绛的心事，她心中已经同意了这桩婚事，只是杨绛是孝女，父母这关是不得不过的。

1933 年初，怀着兴奋和紧张心情的钱锺书踏上了前往苏州的旅程，去迎接属于他们的未来。

杨绛父母见过钱锺书后，很欣赏钱锺书的才华，只是钱锺书现在还未毕业，未来能不能承担起家庭的重担还是有待考验的。

杨绛父母的这些考虑，钱锺书也是知道的，只是这在与杨绛的爱情面前，是微不足道的。他坚信通过自己的努力，能够承担起重任，做个有担当的好丈夫。

见过杨绛父母后，钱锺书丝毫没有停留，按照传统方式上门提了亲。看到他的这份心意，本来还有些担忧的杨绛父亲便也同意了这门亲事。当年暑假，两人就准备举行订婚仪式了。

从惊鸿一瞥，到执子之手，这是恋爱这段旅程最完满的结局，从此，他们将开始属于两个人的未来，共迎风雨，相濡以沫。

胡河清曾赞叹：“钱锺书、杨绛伉俪，可说是当代文学中的一双名剑。钱锺书如英气流动之雄剑，常常出匣自鸣，语惊天下；杨绛则如青光含藏之雌剑，大智若愚，不显刀刃。”

第二节　执子之手，与子偕老

在那个年代，书信是传情达意的最好凭借。清华园里那只旧信箱，静静矗立，每日吐纳着青春的思念和美妙。信箱旁总有两个熟悉的人影，多是一个来寄，一个来取。本就是才子文人，爱情的降临如流星坠入，激荡起钱锺书一池的诗情。于是他的信，也就格外频繁。

分别后，杨绛与钱锺书也经历过异地的相思之苦，而能确保感情的稳定必然少不了坦诚与信任。要表达坦诚与情意，书信依然是最好的沟通途径，一天一封信是很早便有了的习惯，信中内容涉及颇广，记述方式与日记类似，一天之内发生的所有事情都不会放过，详尽地写在纸上，也好让对方看看，想象一下自己也同样做着这些事情，倒还真有点身临其境的感觉。与现代便捷的通信相比，这样一种传情的方式，倒是更有情味。文字之中带着那个人独有的温度，文字之外是无限思念的留白。

钱锺书是个幽默之人，连写信落款也是别出心裁。一次在信中，他自称是“门内角落”，杨绛读过后百思不得其解，思前想后还是没能弄明白其中的含义，最后还是询问了钱锺书，待收到回信才算是真正搞清楚了。

这个“门内”就是英文中的MONEY，也就是中文中的“钱”的意思，而“角落”与英文中的CLOCK音似，便是中文里的“钟”之意，知晓其中含义的杨绛自然是更加喜欢这个特别的“门内角落”了。

时间和空间，在相爱的人心中刻下了深深的思念。已经毕业了的钱锺书决定于1934年春节时回到清华去看望杨绛。踏入清华之门，心中感慨万千，这毕竟是他毕业后第一次回到母校。所有稔熟感，在目光所及之处复苏。

不像杨绛那般爱美景，好出游，初至京城，四周景胜就览了个遍，钱锺书更安于书榻，不大有闲情郊游，只去过香山这些近处。这次，他邀杨绛出游，相携逛遍好多美景，他只当她好新鲜，性格开朗，必定欢喜这样的安排，却不知好动如她，早已游览过。她只当他之前学业紧，未能去到各处，故乐意相陪，弥补遗憾，却不知他其实不好出游。然而其实重要的不是做的事，而是相伴的人是谁，两个人的默契感，眼眸中流露的珍视让旅程变得美妙异常。

时间如白驹过隙，在这样短暂的相聚与长期的思念中，钱锺书两年的社会工作时间马上就要完成了，根据之前的计划又参加了中英庚款留学考试。

提及这次留学考试，可谓是超出想象的困难，前后一共举办过八届，而钱锺书报考的是第三届，报名时已经有了两百多人，而计划招收只有二十人左右，钱锺书所报考的专业只招收一人，可想而知竞争是何等激烈，如若不是最为优秀的人才，想要挤得头破血流而得到录用几乎是异想天开的事情。

在当时，钱锺书已然是个小有名气的人了，很多人得知他要报考这个专业后便自动放弃了，想来是对自己不够自信，也不愿与钱锺书一争高下。结果自然是好的，钱锺书稳定发挥，以87.95的高分获得了这个英国文学专业的唯一名额，连当时中英庚款董事会的董事长也对他印象深刻，认为这个男孩日后必将大有作为。

出国之事是定下来了，然而两人刚陷入爱恋，正是浓情蜜意、难分难舍之时，怎忍分离？杨绛果断决定与钱锺书一起出国，只是那时至少还要一年她才能完成研究院的学业。心念着钱锺书，念着这份感情的不易，她最终决定休学陪着心爱的人出国。与亲人的相守相依相比，物质与名誉自来是杨绛不看重的。她聪颖睿智，通透练达，才华不输钱锺书，却低调谦逊，甘于做爱人背后的支撑。此后，每及变故，她总是钱锺书写书著文为主，甘为灶下婢。

杨绛在办理了休学手续之后就决定回家了，由于走得急，并没有通知家人，而是直接就登上了回家的船。

父母儿女之间，亦是灵犀相通的。未接到任何通知的杨父，在家睡午觉之时，突然感觉到自己女儿是要回来了，说与夫人听去，还换来一阵耻笑，说他定是太过思念了。然而转眼却突然看到门外一道熟悉的身影，杨绛像是归巢的小燕子，猛地就扑向了父亲的怀抱，杨父自然是欣喜若狂，搂着她紧紧不愿放开，这样长时间的相思之情全都融入了这一个拥抱里。

“母指方缠啮，儿心痛不禁；负薪归未晚，骨肉至情深。”

父母是懂得女儿之心的，杨绛没有参加考试，自然也就是自费出去的，但夫妻俩还是选择了赞同，毕竟早前已经放弃过一次机会了，他们不愿女儿这次又舍弃一次梦想。

看着逐渐老去的父母，再望着家中的兄弟姐妹，这次一走也不知何时再能相聚，杨绛心中的担忧显露在脸上，眉宇间全是不舍。杨父自小疼爱杨绛，看到这般情景也是心中明了的，为了宽解她的心，连连安慰杨绛不必担忧家中之事，只管放心去读书便好。一生能有这样开明体贴的父母，杨绛是幸福的，也是知足的。

两人出国在即，当是操办婚礼的时候了。

婚礼是分两地举行的，自然是照顾到两家人的感受，日子定在了1935 年 7 月 13 日。杨家早在婚礼举办前几天便开始布置了，张灯结彩很是喜庆，家中上上下下都洋溢着开心的笑容，而道喜的宾客更是络绎不绝，成为杨家极少有的盛事了。

杨绛从未经历过这些事情，自然是兴奋得很，最让她难忘的便是家中为她所办的“小姐宴”。“小姐宴”属于当地婚嫁习俗之一，意思大概就是让出嫁前的姑娘邀请自己的姐妹、女性朋友、女同学等来参加酒席，而这个酒席是全由女方父母来操办的，可到了真正宴会那天，女方父母却不得出席，这样算是一个为新娘姐妹朋友们举办的一个聚会吧，出嫁女子也可以借此享受最后的单身生活。

“小姐宴”开始的那一天，杨绛的姐妹们、女同学以及所有女性好友都来了，坐满了一大桌，家中也是布置得热闹喜庆，想必是为了渲染一种结婚的气氛。

本来该高兴的事，可再看看杨绛，一脸的苦涩与忧伤，倒不是因为要嫁给自己不爱的人，而是因为如若出嫁就会离开家，想要再见父母、兄妹以及朋友就很难了，大家尽管说说笑笑，却见主角本人竟没吃下什么东西，大抵也就知道她心中所伤感之事了。

这个“小姐宴”对于杨绛来说，无论开心也好，伤感也罢，都是一个难忘的回忆，待以后出嫁了，成为别人的妻子，成为孩子的母亲，再回过头忆起这次宴会，也该是会淡淡一笑、无尽想念的吧。

办过了“小姐宴”，接下来便是结婚了，恰逢这天正是那年里最热的一天，上天像是知道杨、钱两家要有喜事发生一般，也跟着热闹了起来。

婚礼主持是钱锺书的父亲，而伴郎自然落在了见证两人感情发展的孙令衔头上，伴娘则是杨绛的七妹。两家的婚礼一个是西式的，一个是中式的，因此婚礼囊括了很多不同的礼仪，单是服装上就有婚纱及礼服之分，倒是太过时尚新颖的了。

婚礼虽美好，却当真是考验新人体力的差事。一整套的婚礼仪式下来，钱锺书已大汗淋漓，不复潇洒，闷热的婚纱也让杨绛从头汗湿到了脚，乍看之下，两人竟都像刚淋了雨一般。仪式繁复，前人自有用心良苦之处，想必是经过这么一遭，新人才更能谨记婚姻的不易吧。二人虽感劳累，但心中仍充满了激动和欢喜，在那偶尔的相视一笑中，这所有的辛劳仿佛就都烟消云散了。

两地奔波，婚礼折腾，本就柔弱的杨绛实在是经受不住。到了该“双回门”这天，杨母欢欢喜喜准备了好酒好菜，夫妇二人却因疲累未能如约。母亲看着一桌美味，心里有些失望，但一想到女儿的身体，心里只剩担心和焦急。

过了十天左右，杨绛的身子总算是好了，但此时钱锺书已经去做出国前的培训了，回娘家的事自然没办法做到，最终杨绛还是由小姑子陪着一同回的娘家。

这一次的回家，却是杨绛最后一次见到自己的母亲了。杨绛自小被父母疼爱，回家时被母亲发现她身上起了疹子，心疼不已的杨母立马带她去看了医生，回家路上不断地叮嘱杨绛出国必定要好好照顾自己。

大概天底下的父母都是如此吧，即使儿女已经长大成人，在他们眼里还始终是个孩子，怎样关怀都不为过，宁愿自己多吃点苦，也不愿孩子受到一丁点的委屈与伤痛。

与母亲分别那天的情景还历历在目，千叮咛，万嘱咐，仿佛还有一箩筐的话要说，离开的火车却就要开动。当坐上火车，杨绛抑制不住自己的冲动，好想跳下车跟他们一同回家，继续做回那个乖女儿。然而几声轰鸣之后，父母姊妹就渐渐消失在了倒退的风景里。她不会料到，那是她最后一次见到母亲。

从前最为恋家、最容易因为思亲哭鼻子的杨绛从此的依靠便只有钱锺书一人了，幸得这个温暖的男子并没有辜负她的所有寄托，他们就此携手了大半生。用一位英国传记作家的话来概括两人的婚姻是最为合适的："我见到她之前，从未想到要结婚；我娶了她几十年，从未后悔娶她；也从未想过娶别的女人。"

两人携手出了国，杨绛始终是很想家的，但无法见到父母，只能将所有的相思化作文字，一封封家书牵动着几颗跳动的心。

第三节　沉醉在异国岁月

检测两人是否合适，是否能够成为夫妻的一个好办法就是来一次旅行。这次旅行是着实不能缺少的，为时也不能太短，在旅行中对方必然会脱去往日的伪装，变作最真实的样子，所谓原形毕露大抵就是指这样了。要是两个人在经历了旅行还是依旧在一起的话，那么便是能够结婚，顺利生活在一起的了。

这样的道理钱锺书也是过后才明白的。

大陆去往英国的旅程是足够长了，漂洋过海一月有余，是足以检测得透彻清楚的，但二人可谓“琴瑟和鸣，珠联璧合”，天成的佳作不用考验，几番畅聊之下，竟更觉合拍投机，一路有说不完的话，聊不完的书，海上风景虽单调异常，二人却已在典籍中游历了世间美景。但还是有一样是检测出来了的——褪去了名士风度、翩翩才子的聪慧印象，还原到最真实的生活中，钱锺书的“笨手笨脚”这下原形毕露了。

结婚前，钱锺书已经坦然道出自己身上有很多毛病，足以用“笨手笨脚”来形容，开始杨绛是不相信的，总以为这是钱锺书过谦的表现，可这一次船行下来，她才发现原来这些都是实话，丝毫没有一点夸张的成分在里面。

到底“笨手笨脚”到什么程度呢？比如说钱锺书是不会系鞋带的蝴蝶扣的，甚至有时连穿鞋都左右不分，使用起筷子来也很别扭……生活上完全没有他做学问时的悠然自若了。幸得有杨绛在身边，不然这个“小孩子”出了国可要遭好大的罪。相依为命，指的就是杨绛与钱锺书这样的关系，离了谁都是不行的。杨绛本也是个娇小姐，什么都是不会做的，可能连洗碗都是没有洗过的，现在倒好，为了照顾这个“小孩子”，便要从头学起了。

到达英国的第一站就是伦敦，还未来之前，两个人就对这个城市进行了无限遐想，书中的那些风景与故事，深深地吸引着他们，即使是未曾谋面，却仍然感觉相识已久，这种熟悉感是很难在陌生的地方寻得的。英式的建筑彰显着大不列颠式的风范，异域的文化扑面而来，时时刻刻冲撞着他们的心。

秋季始业在十月前后，趁着尚有余闲，夫妇俩先在伦敦城游历了一番。出国留学在那时可谓是金字塔尖儿的选择，杨绛一直有留学梦，这下真真切切踏上这片土地却有些如梦似幻之感。钱锺书的两个弟弟钱锺韩、钱锺纬已在英国留学。人生不相见，动如参与商，两人听闻大哥赴英，便迫不及待要来探望一番，持杯凭栏，畅叙故谊。

在亲人的陪伴下，杨绛与钱锺书参观了大英博物馆，还去了当地的几个著名画廊，杨绛也逐渐地被这异域文化所吸引。一番游玩下来，也到了将要开学的时间了，两人随即准备去办理入学手续。关于入学事宜，杨绛与丈夫是不同的。由于钱锺书是通过考试来到学校，又享受公费的待遇，自然是安排妥帖的，进入埃克塞特学院，攻读文学学士学位，所学专业自然是热门的英国文学了。

可杨绛就不同了，因为是自费上学，什么都要自己来办，本来是打算攻读喜爱的文学专业，岂料名额已满，只能狠心割弃，退而求其次地选择了历史专业，由于学校不提供住宿，杨绛也只能自己寻求落脚的地方了。

其实若是留在清华，杨绛自然也是能选择很好的专业的，住宿以及名额问题根本就是不在考虑范围内的。对此，她就曾经这样说过："假如我上清华外文系本科，假如我选修了戏剧课，说不定我也能写出一部小剧本来，说不定系主任会把我当作培养对象呢。但是我的兴趣不在戏剧而在小说。那时候我年纪小，不懂得造化弄人，只觉得很不服气。既然我无缘公费出国，我就和锺书一同出国，借他的光，可省些生活费。"

刚到牛津，钱锺书就"出了名"，倒不是指他在学识上的成就，而是由于太过粗心，在下公车之时一不小心摔了一跤，整个脸部就跟地面来了个"亲密接触"，不知道的人还以为钱锺书是有多热爱这个校园呢。这一摔不要紧，大半个门牙就此飞落，那时杨绛他们在金家做房客，幸得同住的其他两位单身房客都是医学专家，立即建议她送丈夫去找牙医，拔去断牙才好镶假牙。如果没有他们的建议，看着满口鲜血的丈夫，杨绛早已是手足无措的了。

牛津大学作为英国老牌名校，文科水平居世界一流，并拥有着世界最一流的图书馆——博德利图书馆。博德利图书馆历史悠久，蕴藏极为丰富。博尔赫斯曾说，如果有天堂，那应该是图书馆的模样。杨绛爱书成癖，钱锺书嗜书如命，对于夫妇二人来说，这里当真就是梦想的天堂。他们能找到所有想要阅读的书籍，应有尽有，这里除了大量的外国经典书籍以外，还收藏了很多中文的文献资料。

对于杨绛来说，来到牛津还有一样东西她很是珍惜，那便是一件黑色的背心，这可不是普通的背心，后面还有两条黑色的飘带，丈夫是庚款公费出国，在牛津却是自费生，自费的学生都穿这种背心，领奖学金的学生穿长袍。无论背心、长袍，都是牛津大学学子的标志。对此杨绛是极为羡慕的，虽然心里也很想成为牛津的一员，但不忍再让年迈的父母支付如此高昂的学费了，于是选择了只做旁听生，因此她只能将丈夫的背心细心珍藏，这是在她心中象征牛津大学的标志，也是她一生的小小遗憾。

在牛津，还有一样很特别的规定，那便是在这里上学的学生每周都需要在学校食堂吃饭四五次，好像以此才能证明他们确实是在学校住校的，并没有长时间离开这里。因为有了这项规定，好多同学都认为吃饭还要比上课来得重要。当时学校的伙食还是比较贵的，但幸好钱锺书有着家属，在学校吃饭自然是大大减少了，一周也就两顿足矣。

除了完成规定课程，杨绛与丈夫大部分的时间都是泡在图书馆里的，他们像是一头扎进知识海洋的两条鱼，悠闲自若地畅游在书籍之中。久而久之，两人的阅读面开始变得广阔，不仅仅限于文学作品，哲学、心理学、历史、地理……也都有所涉猎的。在阅读之中，杨绛逐渐打下了良好的外文阅读能力以及文学功底，对以后的创作起到了很大的作用。

因为是借读的关系，加之平日生活上又无须费心打扫以及操心伙食的问题，杨绛有了一大把闲散的时光，这是从小到大都没有体会过的。有了空余时间，该是趁此好好弥补一下自己欠缺的东西了。

杨绛一直感念自己文学积累和典籍阅读不足，因此看书格外勤奋，她偏爱古典主义和现实主义的小说，罗列出一本本，皆是自己心心念念想要涉猎的，倒比被课业捆缚、闲暇有限的钱锺书悠哉很多。两人都是求知若渴、醉心学问的人，做读书笔记是少不了的，笔记本上勾抹图画，灵思心得一一添注，往往一本笔记就能还原原著，这些都成为杨绛日后著文的绝佳材料。而很多年后，当钱锺书撒手人寰，她也正是凭借这些笔记一边为之整理出版，一边聊慰思念。

杨绛与丈夫居住在金家，都是中国人，自然很是照顾，金家特意为他们安排了一个风景很优美的房间，打开窗就能看见花园。只要是没事的时候，两人就会手拉手出去散步，走走停停，呼吸着新鲜空气，放松疲惫不堪的大脑。

在陌生的环境里，他们是彼此的唯一，他们喜欢这样的“探险之旅”，每每散步必定选择那些从未走过的小道，总认为这样能发现很多意想不到的东西。钱锺书是顽痴的小孩儿心性，与凡事妥帖精细的爱人在一起，总是特别开心，赌书泼茶，猜字斗谜，深感生活妙趣多多。任杨绛再理性聪敏，到底是女性，自然会善感一些。离家日久，思亲愈甚，眼前新婚燕尔情深意切，转身却亦有朦朦细愁如雾霭黯淡了心绪，她做不了什么，只能更频繁地寄出书信，若有回信，便欣喜无比。

钱锺书还在英国培养起了喝茶的习惯，一定是要上好的红茶才能炮制出那种独特的味道，因此后来两人回了国，是怎样也找寻不到当时的那种熟悉香气了。

其实金家的伙食准备得还真算不错的了，只是钱锺书怎样都吃不惯英国本地的食物味道，每次总是吃得很少，杨绛心疼不已，生怕丈夫身体吃不消，由此就萌生了想要搬出去住的想法，这样生活起来也更方便一点，个人隐私也能得到相对的保障，便将这个想法告诉了钱锺书。起先钱锺书是不赞同的，担心妻子不会做饭，这样两人还不如继续住在金家，至少伙食问题不用愁，可杨绛心意已决，因此最终两人还是搬离出去了。

得益于平日里养成的散步习惯，杨绛发现了一个高级社区有招租的广告，但再去时广告不见了，只是她不死心，犹豫一会儿鼓起勇气，还是敲开了出租房屋的那家大门，后来这家的主人达蕾女士便成为杨、钱二人的房东。

根据杨绛最先的预算范围，租下这个房子是可以承受的，因此两人也就没有多想，很快便签下了租房协议，开开心心地搬进了新家，过上了只属于他们两人的甜蜜小日子。

这个新家有两个房间，一个是卧室，一个是起居室，还有一个很大的阳台，依旧可以看见大片的草地与花园，丝毫不比金家的房屋差。出租屋离学校很近，钱锺书惊喜不已，有这最贤的妻操持一切，夫复何求。两人很快便兴高采烈地进行采购，添补缺少的，倒还真像过日子的感觉。

只是新家也有新家的烦恼，那便是做饭问题，这里是不提供伙食的，一日三餐都得靠自己来解决。在出国之前，杨绛几乎从未下过厨房，没有做过一道菜，但是她拥有着足够的信心，坚信通过努力，自已是能够做出美味饭菜来的。在之后的日子里，杨绛倒也真的刻苦学习做饭，手艺也由最初的生涩变得极好了。

他们平淡的生活里，没有惊天动地的浪漫，却能在细枝末节的琐碎生活里微笑尝尽生活滋味，这便是幸福的真味，踏实、安稳。

第四节　天使来到身边

生活像是一段未知的旅程，没有谁拥有着绝对精准的地图，只要前进方向是正确的，无论前路有多少荆棘险阻，也有勇气去闯去搏，如若身边有着一个知心的人陪伴，那自然是再好不过的事情了。对于杨绛与钱锺书来说，在英国的岁月就是一段旅程，牵着彼此的手，坚定不移地往下走，这样便是一生了。

搬家的劳碌可想而知，那些爱惜如命的书就够沉的了，此外还要置办必需品、打扫房间、整理摆放。晚上收拾停当，两人已是疲惫不堪。钱锺书累得早早睡下，杨绛虽累却不能入眠，看着他略显疲惫睡得安恬的脸，她有一种安稳美好的幸福感，渐渐闭上了双眼。再睁眼时，是钱锺书干净清爽的笑容，疲惫全无，原来那个“笨手笨脚”的钱锺书竟做了早餐。她惊喜得一下坐了起来，他直接将饭盘端到了床前来让她享用，面包、牛奶、香浓的红茶、黄油、果酱，她简直觉得这是世间最好的早饭。往后，早点成了钱锺书的惯例，牛奶、红茶成了他一生的嗜好，但是这第一次早餐总是让杨绛格外怀念，记忆深刻。

只要两人携手向前，就没有什么问题能够阻拦这个温暖的家庭。钱锺书极其喜爱红烧肉，租了房子后有了自己的厨房，便开始酝酿惦念已久的“红烧大计”。杨绛自然是不会的，钱锺书只能在请教别的中国留学生的基础上，加上自己的实践揣摩。

杨氏夫妇将散步称为“探险”，这做红烧肉就可视为“冒险”了，不过，对于远庖厨的钱锺书和不沾阳春水的杨绛来说，自制红烧肉的确风险挺大。首次上灶，二人只管一通大火烧煮，当水干了就又添，结果做出的肉费好大劲都嚼不烂。这样下去可不是办法，杨绛猛然间想起家中母亲的做法，是要用文火烧制的，杨绛立即就地取材，加入了英国的雪利酒，几经尝试，第二次的成品还真的像模像样了，尝起来味道也不错。看着钱锺书吃得这样欢快，杨绛自然也有了一种家庭主妇的自豪感。

杨绛素来心灵手巧，这次自制经验让她颇有所得，触类旁通，她发现做菜的方法大抵是大同小异的，只是要了解不同食材的特性。杨绛开始不断地发明，不断地尝试，对烹饪竟有了学术研究的热情，而作为“实验对象”的钱锺书倒也很配合，总是吃得意犹未尽。身处陌生土地的两人，相依为命，互相扶持，还真把这日子过得有滋有味的。

生活如流水般悄然走过，杨绛和钱锺书并没有想到，上天安排了一个更大的惊喜在等待着他们。不久后，杨绛便发现自己怀孕了，告知钱锺书后，两人真是又兴奋又紧张，马上要迎来的小生命会是什么样子？他们究竟能不能承担起这样的责任，做一对好父母呢？太多太多的问题萦绕在两人的头脑中，还不知有怎样的未来在等着这对新手父母呢。

钱锺书曾说："我不要儿子，我要女儿——只要一个，像你的。"天遂人愿，杨绛怀的果然是女儿。情人眼里出西施，想来钱锺书必然十分怜爱，欣赏自己的妻子，希望能得一个女儿，长大后如杨绛一般纯净美丽。

没有生育过不晓得怀孕的不易，本以为就是有个生命在肚子里汲取养分，安静生长，没想到女人怀了孩子就是受难的开始，开头几个月的害喜已让她无法专心看书了。钱锺书小心翼翼地照料她，承担了所有家务活，早早地就催着要陪杨绛去产院预约大夫。钱锺书让熟识的院长推荐专家医生，院长误以为东方人对接生医生性别有芥蒂，问他是不是要推荐女医生，他摇摇头说："要最好的。"

好不容易熬到了孩子出世的预产期，谁料想宝宝竟然还没在妈妈的肚中待够，非等了一周后才开始有了动静。

日子到了 1937 年 5 月 18 日，一大清早杨绛便开始有了分娩迹象，钱锺书很是沉着冷静，立马带着妻子去往医院。到了医院，杨绛的阵痛感开始减轻，还看了一会儿书，喝了下午茶。

这个孩子竟然这样调皮，喜欢跟妈妈开玩笑。到了第二天的时候，杨绛才终于要临盆了。但任凭她如何努力，还是无法自然生产，最终是在医生人工助产的帮助下，才成功生下了女儿。

由于长时间的憋气，女儿生出来时是极其危险的，浑身发紫，连哭都不会。护士赶忙不停地拍打她的小身体，直到这个小天使发出了嘹亮的哭喊声才停止。而正因为这个中国娃娃的哭喊声太过嘹亮，护士们还贴心地赠送给了她一个称呼"Miss Sing High"，翻译过来便是"星海小姐"之意了。

孩子倒是好了，可妈妈却开始难受了。麻醉过后，杨绛感到了前所未有的疼痛感，每次轻微的活动都会牵扯到伤口，便又是一次的“痛不欲生”。钱锺书在一旁也很着急，几次来探访妻子都是处于昏睡的状态，而孩子也是一次没见着，他只能焦急地在医院里走来走去，全然没有了做学问时的悠然自得了。

护士瞧见钱锺书这样，也觉得很可怜，特意将孩子抱了出来给他瞧。看到孩子后，平日里不善言辞的他在这时也激动得不知用什么语言来形容了，只是说了句：“这是我的女儿，我喜欢的。”接着就是看着女儿傻笑了，这句话而后杨绛说与女儿听，她很是感动，其实那新生的婴儿皮肤皱巴巴的，可不漂亮，可自己的女儿，父亲只瞧见她一眼就已是满满的疼爱了。

祖父为孩子取了名，唤作健汝，因为属牛，便号作丽英。可杨绛同钱锺书并不喜欢这个名字，总觉得既拗口又不美，于是夫妻俩商量着自己给孩子取了名——钱瑗，最后再以圆圆这个为小名，时而也叫她阿圆。杨绛总觉得这是只有父母才能唤的小名，也只有他们才能叫出那一份浓浓爱意。

杨绛自小身体就不好，现在在英国没父母照料，什么事情也只能和锺书商量着，摸索着来。在西方本就没有坐月子这一说，但因为杨绛身体柔弱的原因，倒还是在医院里多住了三周，前前后后算起来也同坐月子差不了多少了。在医院里，夫妻俩也没闲着，跟着护士学会了换尿布、喂奶……几经练习，做起来也都是有模有样的了。

三周后杨绛出院，两个新手父母正式开始在家抚养孩子。那时的钱锺书正在准备论文答辩，学校里的事情忙得焦头烂额，很少有时间静下心来好好照顾妻女。但就是在这样紧张的时间里，有一天钱锺书居然从厨房中端出了一碗鸡汤，这着实让杨绛吃了一惊，平日里极少进厨房的丈夫，今天竟熬了汤，还特意放了蚕豆在汤里，杨绛几欲感动得落泪，喝起来更觉是人间难得的美味。

钱锺书的每一个细小举动都感动着杨绛，这个老实不善表达的男人，却能在她最无助的时候守候在身边，用他自己的方式去疼爱她、照顾她，给予她力量与支撑。“愿得一心人，白首不相离”的美好不只是诗词里的吟咏，更是现实生活中的真实写照。

在伺候杨绛坐月子的同时，钱锺书也顺利完成了论文答辩，获得了牛津大学的学位，而阿圆也在一天天地茁壮成长，幸福的一家人，沉浸在初生的喜悦中。

第四章 | 奔向故土

悲戚逆流而上

第一节　走在巴黎的那一年

第二节　硝烟弥漫在“孤岛”

第三节　奔走在命运的路上

第四节　相伴细水流年

第一节　走在巴黎的那一年

早在 1936 年，钱锺书、杨绛夫妇在牛津读大学时，他们就已在巴黎大学注册了。因为那里不强制住校，只要有相应的学习经历就可以注册入学。他们当时抱着好奇的态度，在巴黎大学进行了注册，可谁也没想到，当时的无意之举竟为二人的求学提供了方便。

对知识如饥似渴的人，永远也不会停下求知的脚步。在他们眼里，知识就是世上最宝贵的财富，他们宁可舍弃金钱、地位，也不能舍弃藏身在书海中的知识。

他们在牛津大学的学业结束后，并没有急着回国用他们的学历博个一官半职，他们按照事先制订好的计划来到了巴黎，准备在此进修一番。

此时，再次赶赴时尚之都巴黎的二人，已经不再是两年前潇洒自如的新婚夫妇，他们这次的巴黎之行，有了他们的女儿阿圆陪伴，此时，小家伙已满百天。

从伦敦到巴黎的路途还是有些漫长，夫妇俩带着沉重的书箱，还要抱着阿圆，自有一番辛苦。但路途中有了阿圆的陪伴，也使夫妇二人受到了不少的优待。

阿圆那时尚在襁褓之中，她不哭也不闹，胖乎乎的样子十分招人喜欢。在火车上，看到阿圆的旅客都不禁要夸她几句，有一位旅客还夸她像瓷娃娃一般。这让初为人母的杨绛高兴坏了，她听见别人夸她的孩子，感觉像在夸她自己一样。

阿圆为夫妇带来的好处不止这些。他们在经过海关检查行李时，也受到了海关人员的优待。工作人员看到如此可爱的娃娃，都放松了对行李的检查，很快就为他们办好了通关手续，丝毫没有为难他们。

虽是如此，但照顾阿圆的工作也不是一件简单的事。杨绛没有让钱锺书插手，她嫌锺书笨手笨脚，抱不好孩子，就一直自己抱着阿圆、照顾着阿圆。锺书则拖着箱子，紧紧地跟在母女二人的身后。阿圆为他们带来了无尽的乐趣，因此就算旅途艰辛，也不会太难挨。

在经历了一番舟车劳顿之后，一家人终于来到了时尚之都巴黎。锺书事先已让朋友为他们安排好公寓，到了巴黎后，他们就直接赶赴到公寓。他们租住的公寓位于巴黎市中心，这里离车站很近，交通非常便利。房东太太也非常和善，她退休在家，每日给租客们做一日三餐。房东的餐桌非常丰盛，价格也很便宜，一下就吸引了初来乍到的夫妇二人。

在休息了几天后，他们来到了巴黎大学办理相关手续。巴黎大学有着悠久的历史背景，曾涌现出了许多杰出的人才。但巴黎大学的管理并不严格，这里的学风宽松，并不限制学生的吃饭和住宿。这也让夫妇二人有了更多的自由时间。

处理好一切事务之后，夫妇二人的巴黎生活就这样开始了。夜幕下的巴黎更加迷人，但生性不喜嘈杂的夫妇二人，早已紧闭屋门准备休息。慢慢地，锺书已在杨绛身边鼾声渐起，一边的阿圆也发出了均匀的呼吸声，杨绛没有入睡，她看着两边熟悉的面庞，不禁感到无比的幸福。作为一个女人，有甜美可爱的女儿、深爱着自己的丈夫陪伴身边，足矣。

人说，到法国最先要学会的是“等待”，法国优哉游哉、闲适的生活习惯，真是不适合容易着急上火的人居住。公寓的生活方式，夫妇俩大体还算适应，但房东太太家吃饭的节奏太慢条斯理了。房东夫家的餐点十分丰富，美味的佳肴一道接一道地上桌，一顿午饭要吃上两个小时。虽然美味的佳肴让人垂涎，可夫妇二人都不喜欢浪费时间，他们还有很多事情要做。幸好，公寓里另有厨房，他们可以单独做饭，这样，不喜西餐的锺书，也能吃上自己喜爱的食物了。

二人在巴黎的生活渐渐走上正轨，他们开始走进当地的华人圈。当时的巴黎，有很多华人在那里，他们或是学习，或是经商，或是旅游，在这些人中，也有不少熟识之人。异国他乡，能看到熟悉的面孔，已经让人万分欣慰了。杨绛看到这些黄皮肤的旧相识，总会想起远在万里之外的家人们，不知此时他们是否安好。

有人劝杨绛，将阿圆送到托儿所，就像这里大部分华人家庭所做的一样，这样才有暇分心去工作学习，孩子也有玩伴。但杨绛从旧时的清华同学那里得知，托儿所管得极严，规矩颇多，杨绛担心这样的环境会遏制孩子天性发展，让孩子失去活泼灵气，加之舍不得阿圆吃苦，当即便断了这个念头。

整日里带孩子，让喜爱读书的杨绛有些苦不堪言，她不能够把注意力全部放在读书上，钱锺书要忙于自己的学业，只能在晚上帮帮杨绛。幸亏同住一个公寓里有位赋闲在家的太太，她和丈夫没有自己的孩子，所以有很多空闲的时间。她经常看到杨绛抱着阿圆在屋外玩耍，她看阿圆乖巧可爱，也要过来抱抱阿圆。阿圆被她抱着，不哭也不闹，有时，那位太太还会把阿圆抱到家里去，两人相处得倒也融洽。

这位热心肠的太太，可让杨绛和钱锺书有了依托，他们课业忙的时候，就麻烦这位太太照看阿圆，虽然这位太太不要任何酬劳，但夫妇二人过意不去，还是要塞给她一些酬劳。

解决了照顾阿圆的问题，杨绛心里的大石头终于落地了，可以安心地学习她的功课了。巴黎大学的学习环境比较宽松，学校对学生的读书并没有具体的限制和要求，这样可以将自己的精力放在自己感兴趣的书籍上。

夫妇二人为此专门制作了学习的进程计划表，他们把在巴黎大学期间要阅读的书籍，都一一地列在表上。望着这密密麻麻的书名，旁人也许早就望而却步了，但夫妇俩却把它当成阅读的动力，每读完一本书，就勾掉一个书名。两人在巴黎大学的学习生活结束后，这个密密麻麻的计划表已经被打满了钩。

广泛的阅读和积淀，让两人对欧洲文化都有了深入的了解。他们系统地了解了法国的独特文化，并对整个欧洲的文化有了大概的印象。当然，两人阅读的书籍也有很大的区别：钱锺书对于哲学、语言学的书籍很感兴趣，再晦涩难懂的书籍他也要钻研个透；而杨绛则更偏爱看欧洲各国的小说、散文，对于哲学类的著作她也有所涉猎，但却不能看得很透。

两人的共同爱好在学习各国语言。他们发现，法国的环境非常利于他们学习各种语言。无论是法文、德文还是意大利文，他们都尽量地去学习，生怕错过了学习的机会。

每当茶余饭后，两人安顿好阿圆，就会对坐在书桌上，探讨着感兴趣的书籍。杨绛看到精彩的片段时，会给钱锺书分享，而锺书会暂时放下手中的书，静静地倾听杨绛的讲述。淡黄的台灯，映射在声情并茂讲述小说精彩片段的杨绛身上，这使本来就美丽动人的她，更显得光彩照人。

杨绛结束她的讲述后，会和钱锺书深情地相望良久，在那一刻，时间似乎定格在那一瞬间。也许，杨绛是想到了他们初识时的清华园；也许，是想到了雾都伦敦的浪漫新婚。

光阴似箭，转眼间，夫妇二人来法已将近一年，他们的女儿阿圆，也都能坐在地上自己玩耍了。阿圆似乎遗传了夫妇俩的优良基因，她才能在地上坐稳时，就拿起一本书捧在自己的腿上，有时还会拾起笔来在书上画来画去。

阿圆很适应西式的饮食，她喜欢喝牛奶、吃牛肉，因此，本来就可爱的她出落得更加圆润、粉嫩了。钱锺书非常喜欢去逗阿圆，他会捏捏阿圆的脸蛋，挠挠她的脚丫，阿圆也会被父亲逗得咯咯笑。杨绛看着愉快玩耍的父女俩，也会在一旁开心地笑起来，她常笑锺书逗阿圆的样子，像极了稚气未脱的孩子。

幸福的家庭生活，使杨绛暂时停止了思乡。但家里偶尔的来信，又会让她平静的心里荡起一道道涟漪。时尚之都巴黎的生活虽然安稳，但终究不是久居之地，早日回归祖国的念头，已在杨绛的心里开始萌芽。

第二节　硝烟弥漫在“孤岛”

身在异乡的游子，总是对家里的来信充满了渴望。因为，信上的几句嘘寒问暖，不只是简单的问候，它还承载了亲人间的思念和牵挂。杨绛离家的这几年，也常常给家里写信，但她与祖国远隔万水千山，一封信要很久才能收到回信。即便这样，杨绛也很心满意足。每有回信，未及开启，就已心跳加速，拿信的手都紧张得有些颤抖。她拆开信封，总是先飞快地将信浏览一遍，生怕有什么不幸的消息，浏览了一遍后，才安心地从头一字一句地阅读。

可是，就是这样艰难的联系方式，也在阿圆出生后不久就割断了，她有很久都没有收到家里的信了。后来，她翻看报纸才知道，此时的国内已是战火纷飞，到处都是硝烟弥漫，很多城市都已经沦陷了。杨绛开始担心起她的家人，生怕他们遭遇不测。

幸好，三姐的一封来信，安慰了焦急中的杨绛。三姐把家里的情况简单地和杨绛讲了一下。三姐告诉她，家乡已经被日军占领，父亲带着一家人来到了上海。她还让杨绛不要担心家里人，安心在法国读书。

按三姐信里所述情景，世道虽乱，家人既已安顿好，她也无须过多忧虑了。后来大姐也来过几封信，然而心细如尘的杨绛，发现近几封家书中都未提及母亲近况，她担心母亲是不是出事了，恐惧与忧心一时萦绕在心头。

杨绛的感觉是对的。大姐年后的来信告知了她母亲的消息，母亲在逃难时就已经遭遇不测，家里人为了不让在异国读书的杨绛伤心，就把这个消息隐瞒了下来。闻此消息，如晴天霹雳击中头顶，杨绛只觉得耳边嗡嗡作响，脑中霎时空白一片，片刻的呆若木鸡后就号啕恸哭了起来。慈祥的母亲对她的叮咛嘱咐，好像还是昨天的事情一样。而今天，曾经触手可及的母亲就已不在人世了，她再也看不到她的母亲了。

伤心的杨绛每天以泪洗面，她后悔没有在家里，后悔没有陪伴母亲走过最后一段时光。看着妻子悲痛欲绝的样子，钱锺书也是感同身受，他放下了手头的学习和工作，每日陪伴着杨绛，努力地安慰着她。

那是20世纪30年代，日本全面侵华的战争已经开始，欧洲局势也动荡不安，绥靖政策让英、法、美享受了一时的太平，但仍有不少人已经嗅到大战将至的气息。但是相对于饱受凌辱摧残的中国，法国安全太多了。那时，钱锺书的奖学金还能支持许久，但他们看到中华大地正在遭受生灵涂炭，家中亲人安危不得而知，夫妇二人决定尽快回国，回到家人的身边。

杨绛在这段日子里消瘦了很多，她整日想着去世的母亲、流离失所的家人。加之回国的船票并不好买，她的归心似箭又得不到安抚。她常在夜里梦见母亲，有时，母亲亲切地同她聊着家常；有时，她会梦见饱受病痛折磨的母亲，母亲用渴望的眼神望着杨绛。

终于，钱锺书托人买到了回国的船票，杨绛一直焦急的心可以稍微放松。决定回国后，钱锺书开始联系国内的老师和朋友，希望他们能为自己提供一份工作，让他能够支撑一家三口的开销。钱锺书的工作很快就有了着落，他得到了当时的西南联合大学文学院院长冯友兰的邀请，到外文系去做教授（西南联合大学是在抗战时期，转移到抗战后方昆明的清华大学、北京大学和南开大学联合组建的大学）。

钱锺书得到这个消息后惊喜万分，因为很少有人刚一任教就得到教授职称，大多数教师都是先担任讲师，再慢慢等待机会晋升教授。并且，联大给钱锺书开出了每月三百元的酬劳。由此可见，联大对钱锺书的重视程度非同一般。

踏上了回国的轮船，杨绛不禁感慨万分。初来欧洲时，他们还是甜蜜的夫妇二人世界；回程时，他们已是三口之家。望着逐渐消失的欧洲大陆，杨绛知道她要离这种安稳的生活远去了，但她没有丝毫的留恋，她要回到家人的身边。

因为夫妇二人走得匆忙，并没有对旅途做太多打算，他们只带了少量的奶粉和饼干，他们以为船上会有适合阿圆吃的食物。但他们显然高估了轮船上的伙食，因为长期的战争，此时的轮船上食物匮乏，他们只能让阿圆吃些面包和土豆。从巴黎到中国的航程是漫长的，半个月过去，原本圆滚滚的阿圆已经消瘦了许多。儿女是母亲的心头肉，看着自己的女儿如此消瘦，杨绛心痛不已，可是她也没太多办法。

轮船快到香港时，杨绛要与钱锺书分道而行了。钱锺书要在香港下船，然后取道海防，再转到云南。而杨绛则要前往上海，看望久别的家人。二人彼此没有太多的交代，钱锺书让杨绛注意安全，保重身体；杨绛让钱锺书注意身体，不要太担心。等到船只到岸时，钱锺书提着箱子独自走下了轮船，这是杨绛和丈夫第一次分开，她没想到别离的滋味是这么酸楚。

杨绛忍住心中的不舍，她要坚强起来，她还要照顾幼小的阿圆，还要去上海看望久别的家人。轮船沿着大陆的海岸线漂泊，几经周折，终于停靠在了上海的码头。下了船，杨绛先被接到钱家在上海的住处会了亲友，尽管外面很乱，但她也不愿久留，匆匆踏上去杨家的路。回到家后，杨绛看到了父亲。

其实杨家情形远非三姐所述般乐观。

这场战争中苏州是日寇侵袭的重镇，杨家大院在空袭中受创严重，父亲带着一家人四处避难，母亲病重受不住颠簸，一家人在香山驻扎，做好了一同赴死的准备。香山失陷前夕，母亲就去世了。父亲悲痛欲绝，一夜白了头，兵荒马乱中替母亲操办了后事，下葬那天小雨淅淅，掩上棺木那刻，杨荫杭失声恸哭，难以自制。

此时的父亲已是满头白发，形容枯槁，这几年的流离失所、亲人的相继离去，让他再也坚强不起来了。看到了可爱的外孙女阿圆，父亲杨荫杭枯槁的面容流露出了些许的笑意。他悲痛欲绝的心，被照进了一缕和煦的阳光。

在与家人的交谈中她才得知，原来三姑母也在不久前遇难了。三姑母只比杨绛大六岁，但她在生前却已是颇有作为了。她曾嫁给过一位弱智的大少爷，这样不幸的婚姻生活没有持续多久就结束了，三姑母逃离了这个泥潭。父亲杨荫杭出资让她去上学，后来她又去了日本留学。回国后，三姑母来到了北京女子师范大学工作。因为她优秀的才能，学校又把她送到美国留学。

从美国回来几年后，三姑母担任了北京女子师范大学的校长。可这位女校长并没有得到学生们的爱戴，很多学生都私底下反对她，还有的人公开说她的坏话。当时的杨绛也不喜欢三姑母，她觉得三姑母不通人性，没有为学生考虑。可三姑母后来的举动，证明了她是一个爱学生的人。

日军占领北京后，到处烧杀抢掠无恶不作。很多女学生都不敢出门，整日躲在屋子里。但这也没有逃过日军的魔爪，一些女学生还是被日军搜查到了，惨遭毒手。三姑母得知这些消息后，她主动找日本军队负责人交涉，她强硬的态度收到了成效，日军真的勒令退兵。很多学生得知此事后，都来三姑母的家里躲藏，希望得到三姑母的庇护。

1938年的一天，几个日本兵从家里带走了三姑母，他们在路上就残忍地杀害了三姑母。三姑母用生命的代价，证明了她是个有良心有骨气的女人。

不幸的时代酿就了不幸的命运，在风雨飘摇的土地上，生命就如蝼蚁般渺小。杨绛的三姑母和母亲下葬在了一处，两位在那个时代杰出的女性，就这样走完了她们的一生。杨绛心里一阵唏嘘，她已经不再悲痛了，她知道在这个时代里，一切都是无法避免的，作为普通人的他们只能珍惜好身边的亲人。

父亲杨荫杭舍不得相濡以沫几十年的妻子，他决定留在苏州，陪伴在长眠地下的妻子身边。当时的苏州并不安全，到处都有搜刮钱粮的日本兵。杨绛只能带着阿圆离开苏州，离开才重逢不久的父亲，去相对安全的上海生活。

此时的上海，已成为日军包围下的“孤岛”，它的周围都已成为日军的占领地，只有上海市中心的外国租界，还能保持相对安全的状态。来到上海的杨绛母女，被钱锺书的弟弟接到了已在上海买下房产的钱家。

钱家当时出了大价钱，在房源紧张的租界，买下了一栋大房子。虽然杨绛还有亲人在上海居住，他们也要求杨绛母女去那里生活，但杨绛想，她毕竟已是钱家的儿媳妇，便带着阿圆来到了钱家居住，偶尔回三姐家住两天。

钱锺书不在身边的日子是难熬的，阿圆虽然陪在杨绛身边，但她那么小，根本没法体谅母亲的辛劳。“孤岛”里的生活是艰辛的，杨绛每天都在期盼着战争能够快点结束，期盼着一家人能够团圆，期盼着钱锺书陪伴在自己身边，他们可以相濡以沫地生活下去，永远不分离。

第三节　奔走在命运的路上

20 世纪 30 年代的中国处在一个风雨飘摇的时代，人们在炮火下奔走，为了生存，为了繁衍下一代，他们尝遍苦难，紧紧抓住命运的稻草。

当时的上海，聚集了全国各地来此避难的人。每个人家都挤满了来避难的亲人，钱家也不例外。钱家本来就人口众多，频繁的战乱让他们都逃离家乡，上海的钱家大宅成了他们唯一的避难所，因此，原本宽敞的房子，在此刻也显得有些捉襟见肘。杨绛来到钱家，也享受不了优越的住宿条件，只能与钱锺书的弟媳妇和儿子挤在一间房子里。

和婆家人挤在一起的日子里，杨绛没有抱怨，她放下书香门第大小姐的架子，像一位普通媳妇一样做着家务事。为了融入这个大家庭，她暂时搁置了读书的爱好，平日书不离手的她放下了书本，她觉得张口闭口世界名著，无法和家里人聊到一块去。她尽量不那么脱俗，尝试着和妯娌们去聊些家长里短。

尽管她努力地尝试去改变自己，但她的性格决定了她无法像妯娌们那样八卦、闲谈。她也不再强求自己，她尽量地多做家务，给阿圆缝补衣服，给公婆打扫房间。总之，勤快的杨绛得到了钱家人的一致认可，他们都觉得杨绛是个能里能外的好媳妇，而且没有大小姐脾气。

但毕竟在婆家生活不能自由自在，她偶尔会回到娘家，和亲人们团聚。家人团聚在一起，虽然这使本就不宽敞的房间更加狭小，可家人在一起的其乐融融，是什么都没法替代的。杨绛很享受这种家中温暖的感觉，她就算一句话都不说，只看着姐姐弟弟们讲话，也会感到无比的舒服。在经历了至亲的别离后，她更加珍惜亲人间团聚的时光。

不久后，杨家拥挤的居住环境得到了改观。杨绛的三姨母为杨家在霞飞路腾出了一间宽敞的房子，这样，连杨绛也有了可以独居的房间，她就不必挤在钱家的房子里了。

回到了自己家，杨绛就不必那么拘束了，她将更多的心思放在阿圆身上，教阿圆读书识字。偶尔，她会带阿圆去钱家看望公婆，给公婆买些糕点。

杨绛本就是闲不住的人，整日在家照看阿圆，让她觉得浑身都不自在，她要找一些事情来做。有人给她推荐了一个补课的工作，这份工作很简单，就是给一位富商的女儿补习高中的课程，但杨绛还是很认真地对待这份工作。她把阿圆交给赋闲在家的父亲，将自己每天的课程都安排得很满，她想多挣点钱，填补家用，好孝敬双方的父母。

其实，杨绛大可不必这样卖力工作，两家人的生活都还过得去，但杨绛觉得自己在外留学多年，一直没有报答父母的养育之恩。母亲已经离她远去，她要好好孝敬父亲，不让他感到丧妻的孤独和冷清。

她对父亲的事情很细心，父亲喜欢吃什么东西，她都记得清清楚楚。她把父亲喜欢吃的点心和糖果都装在罐子里，摆在父亲的床头柜上，这样就方便了父亲。

自从她回国来到父亲的身边后，父亲的饮食起居她都要一一照顾。她给父亲买衣服、鞋子，带父亲去理发，给父亲买可口的点心和糖果。这一切，就像父亲对待小时候的她一样，就是一个爱的轮回，在细枝末节间流动着深情。

杨绛的补习工作没做多久，新的工作机会就来到了她的眼前。之前的补习工作，虽然她做得很用心，但很多人都劝她说，以她的才能做这个补习的工作太可惜了。杨绛没有想太多，她只想做好眼前的工作，她的这种心态，源自于她对工作的认真负责，也源自于她对自己才能的自信。

这份新的工作机会，来自杨绛的母校振华女校，老校长季玉先生亲自登门来看望杨绛。

看到久别多年的老校长，杨绛心头更是五味杂陈。此时的季玉先生，虽然已是白发苍苍，但她依旧精神矍铄，保持着校长的那份威严。她没有和杨绛过多寒暄，几句话过后就说出了此行的目的，她邀请杨绛参加振华女校的一个晚宴。

杨绛以为这只是个女校校友的普通聚会，就爽快地答应了校长的邀请。老校长没有多说什么，她留下了详细的地址后就告辞而去了。临走时，她饱含深意地和杨绛说了几句话，大概是有重任要交给她。杨绛思索良久，也许是振华女校想要请她回去做老师，那她可以胜任这份工作。

第二天，杨绛准时赴约。她没有看到想象中的那些校友，只有老校长一个人迎接她。老校长告诉杨绛，校董事会邀请她这个新任校长吃饭。杨绛先是一惊，接着立刻明白了老校长的用意，她连忙推辞道，说她不适合做校长，她没有经验，资历还很浅，应该还有更合适的人选。

季玉先生没有理会她的推辞，她的态度非常坚决，杨绛必须要当这个校长，她可以帮助杨绛去熟悉工作，有什么困难，她可以帮助解决。杨绛实在推辞不过，只能和老校长赶赴校董事会的晚宴。

晚宴结束后，杨绛忧心忡忡地回到了家里。她不想担任校长，有很大一部分原因都是缘于从小受到的教育。父亲一直教育她要远离官场，那里有很多见不得人的黑暗。并且，父亲在官场沉浮多年的经历，也让杨绛对此有了极大的反感。父亲常和她说，要安心做学问，就不要当官，连大学的系主任都不要当，这样才能不受制于人，才能做好学问。

然而父亲听说此事，却是很赞成的。他曾是振华女校的董事，对学校历史和季玉先生的品性是了解的，这个工作对杨绛来说是一个锻炼机会。一番恳谈下来，她决定接受这份工作。

做出决定后，她马上就开始了担任校长的准备工作。振华女校原本是上海非常有名气的女子学校，但由于战乱等原因，它已经停止了授课。战乱过后，上海的环境慢慢好转，振华女校也开始考虑重新开课。

但这一切工作都没有头绪，什么都要重新开始。杨绛来此任职时，连基本的工资都没有，她还要在工作之余去给人补习功课，才能勉强维持自己的生活。经历过种种磨砺的杨绛，已经不再是振华女校那个有些调皮的女学生了，她有了坚韧的性格和乐观的态度。杨绛私下制订了一个重新开课的具体计划，之后征求了老校长的意见，一经认可，便马上着手实施。

她先找到了一个合适的地方作为新校的校舍，接着又四处去找合适的老师。一切准备好后，她还要制定预算，给教师制定工资金额，约束管理教师团队。幸有老校长从旁指点，让她少走了许多弯路。可是，老校长年事已高，又思亲心切，她要离开上海，奔赴儿女那里。季玉先生将印章和存折交给了杨绛，对她进行一番嘱托后，就离开了上海，从此杨绛就要单枪匹马、独当一面了。

没有了老校长的指点，杨绛担心自己会犯错误。但老校长临走时曾对她说过，犯错误是可以原谅的，而且没有了她的指点，杨绛可以放开手脚，会做得更好。杨绛下定决心，一定要把学校办得有声有色，她要证明自己的实力。

在做了精心的准备后，振华女校开始招生了。重建的振华女校吸引了很多学生来报名，他们有的原本就是本校的学生，有的是慕名而来的他校学生，总之，招生的情况很理想。招生工作结束后，杨绛的辛勤劳作终于告一段落了，她看着振华女校一步步走上正轨，终于感到了一丝安慰，她的努力没有白费，她没有辜负老校长的厚望。

振华女校的老师还是存在短缺的情况，杨绛就亲自担任初三年级的英语老师。而后她成了大忙人，又要管理学校的日常工作，又要完成英语老师的教学工作，这让她实在是分身乏术，难以好好照顾女儿阿圆。但忙碌的工作，也让她淡忘了和丈夫两地分居的生活，只有回到家时，她才会感受到没有钱锺书和她聊天是多么的难熬。

但在那个混乱的时代，人们都要极力地为生活去奔走，能够安稳地活在世上，就已是天大的幸福了。他们夫妻间的短暂别离虽然难熬，但想到钱锺书就要回到自己身边，杨绛还是很心安，她要好好工作等待钱锺书回来，他们一家三口就会幸福地生活在一起了。

这样乐观的生活态度，让杨绛渡过了生命中的很多难关。她总是能够做到不以物喜、不以己悲，任身边暴风骤雨、风云突变，她自己却能稳如泰山，不慌不乱地做一个恬静女子。

第四节　相伴细水流年

人世间最浪漫的事，莫过于恩爱的夫妻能够白头偕老、相濡以沫地走过一生。即便要经历无数的挫折和磨难，但只要两个人能够携手与共，再多苦难都只会是甜蜜生活的调剂。

在担任振华女校校长以前，杨绛没有料到自己有很强的管理能力。她习惯于笔墨纸砚、诗词歌赋的文人生活，她以为自己只能在文海中遨游，脱离了这个环境，她将如鱼儿脱离大海般不适应。可谁能想到，娇巧柔弱的杨绛，居然能将一个百废待兴的学校管理得井然有序。杨绛每日忙于公务，很少有时间照顾阿圆，更别提去回复钱锺书的信件了。

钱锺书一人在外任教，却也落得清闲，每日的课业教授完毕后，就没有太多的事可做。他习惯了有杨绛陪伴的日子，夫妻俩你侬我侬，就算偶尔闹别扭，也是别有情趣。其实，学校里有很多业余活动，很多教师都会在课下打排球、跳舞、打网球等。但钱锺书是喜静的，他宁可憋在屋子里写日记，也很少参加这些活动。他把每天发生的趣事都记在本子上，等到和杨绛见面时，就可以把日记本给她，让她知道自己都经历了哪些事情。

夫妻二人就像被银河隔断了的牛郎和织女，只能凭着青鸟，给他们传递爱的信息。但这对苦命的鸳鸯，可比牛郎织女幸福多了。钱锺书在暑假时还可以返回上海，去探望整日奔波劳碌的杨绛。

钱锺书后来曾说，杨绛，是“最贤的妻，最才的女”。她既能把家操持得妥妥当当，亦能著文写剧，整办学校，不让须眉。然而再全能的女人毕竟也是个女人，钱锺书心疼她太过操劳，很想留在上海照顾她，然而西南联大任期未满一年，新学期将至，他只得忍痛踏上返校的路。

在此之后，钱锺书也曾短暂地回过上海，但他又因工作调动，只在上海逗留了数日，就不得不奔赴新的工作单位。这次，钱锺书来到了父亲钱基博任职的蓝田师院，他要帮助父亲处理学校的日常事务，还要从事教学工作。

这次工作的调动，他本是不情愿的，但父命难违，他只能顺应父亲的召唤，来到蓝田师院。钱锺书的父亲也是十分开明的，他和钱锺书有了一年之约，即答应钱锺书只需在此工作一年，一年之后，钱锺书就可以去留随意。

这样一来，杨绛可算有了盼头，她不用再像以前那般遥遥无期地等待，熬过这一年后，丈夫就能回到她身边了。分居两地的夫妻，总算能有个相聚的日子了。

钱锺书来到蓝田，每日服侍父亲的衣食起居，他还会为父亲熬鸡汤，希望能给父亲补补身子。父亲对这些身外之物并不看重，他常对钱锺书说，滋养身体不是关键的，滋养心志才是重要的。在蓝田工作了近一年，又是一个暑假，钱锺书再次回到了上海。历经旅途颠簸，他原本整齐的头发也乱成一团，一身考究的长衫也被他蹂躏得不成样子。此时的钱锺书，完全是一副难民的装扮。

阿圆看见了父亲，连忙躲到妈妈身后，偷偷地观察着这位“奇怪的叔叔”。这也难怪，阿圆已有一年多没见过爸爸了。她看到爸爸和妈妈十分亲切的样子，觉得非常疑惑，她又拦在爸爸和妈妈的中间，阻止他们进一步的接近。

看到这一场景，全家人都不禁笑了起来。憨态可掬的阿圆还不知道发生了什么事情，她扯着钱锺书的衣服，要把他“请”出房间。钱锺书也是哭笑不得，他抱起阿圆，贴在他耳边和她说了几句悄悄话。说来也奇怪，之前还对钱锺书抱有警惕之心的阿圆很快就和他亲昵起来。两人一起玩起了游戏，完全不见之前的陌生感。杨绛没问钱锺书当时在圆圆耳边说了什么话，直到多年后她寒楼老阁孤身一人著书追忆往事时，也想不出答案。

阿圆整日接触的都是些长者，长辈们教她读书、识字、背诗，教她长幼尊卑，教她懂礼貌等。但是，她的身边一直没有一个可以和她肆意玩耍的朋友，在长辈们的身边，她只能做一个乖巧的小孩子。但钱锺书回来后就不一样了，钱锺书本来就童心未泯，他喜欢和女儿打闹，就像个大孩子般和女儿玩耍，阿圆不复乖巧文静，调皮淘气的本性渐渐显露出来。

钱锺书当时只想在上海逗留一段时间，接下来，最好返回清华大学任教，因为那里的工作机会毕竟难得。但世事岂能都遂人愿，1941 年太平洋战争爆发，上海被日军全面占领，它与周围的交通都被切断。钱锺书前往清华任教的计划就此泡汤了，他只能留在上海。

太平洋战争爆发后，上海的局势发生了极大的变化。杨绛主持的振华女校迫于动荡的时局，只能遣散全部师生，紧闭校门。这样，杨绛也就不再整日操劳，不用再为学校的事情早出晚归，他们一家三口终于可以朝夕相处了。

动荡的局势给上海的市民们带来了极大的恐慌，街上很少有闲逛的市民，偶尔走过几位路人，也是行色匆匆，生怕稍有不慎就被日军盯上。杨绛夫妇也不再出门，他们打算先在家里避一阵，等待时局稳定时，再出来工作。

钱锺书不能去工作，就有了更多的时间去陪伴阿圆。钱锺书虽然不太会做家务事，但他哄阿圆的方式却出奇的多。之前在英国留学时，钱锺书曾趁着杨绛午睡时，用墨水给她在脸上画了个花脸。等杨绛醒来时，钱锺书低着头站在她的一旁，像是一个犯了错的孩子，让杨绛无可奈何。现在，他不好再去给杨绛画花脸，于是就瞄上了女儿阿圆。

也是一个闷热的午后，一家人都在沉睡，他悄悄地来到阿圆身边，轻轻地给她画了一个花脸。阿圆醒来后，并不知道发生了什么事情。她还顶着滑稽的花脸到处找爸爸，结果，她被看到这一幕的家人们笑话了半天。杨绛看到女儿后，一下就想到了钱锺书，她把情况告知了钱母，钱锺书遭到了一阵严厉的训斥。

虽是如此，阿圆还是喜欢和父亲一起玩耍，因为父亲有很多哄她的花样，而且外人只能看着却参与不进来，连杨绛也只能在一旁无奈地看着两个“孩子”。每天睡前，是父女俩玩得最开心的时刻。钱锺书会在女儿的被窝里“藏宝”，凡是能被塞起来的东西，像镜子、玩具、梳子都被藏到了角角落落里。藏好之后，他会喊阿圆去寻宝。阿圆会兴奋地找个不停，她每找到一件宝物，就会神气地向父亲炫耀一下，有时，她还会嘲笑父亲藏得不严密。后来，钱瑗在年近花甲时，躺在病床上写书追忆三口之家的温暖幸福，书的第一节就是“爸爸逗我玩”。

陪阿圆玩耍之职，钱锺书非常胜任，但平日里照顾阿圆的吃饭、穿衣，还得靠母亲杨绛才行。杨绛了解阿圆吃饭的偏好，她会给阿圆做她喜欢吃的美食。阿圆也很听母亲的话，母亲怕她吃生冷的食物肠胃不适，她就一口也不吃。她眼睁睁地看着家人大快朵颐，也不会哭闹。乖巧懂事的女儿让杨绛十分欣慰，她总是在想，是前世什么样的造化，让她和锺书有了这个天使般的女儿？也许，是老天特别眷顾他们这对与世无争的夫妻吧。老天赐予了他们这个乖巧的女儿，就是他们在世上最大的财富。

一家三口相伴的时光是无比幸福的。钱锺书和杨绛看着阿圆一点点的进步，从会说话到会走路再到会识字，阿圆的每一点进步都让夫妻俩无比欣慰。阿圆是他们爱情的结晶，也使他们的爱更加深沉。此刻，杨绛心底最大的愿望，就是他们三人能这样一直生活下去，永远也不分离。

第五章 | **投身剧本**

缔结文字的缘分

第一节 炫舞在战场

第二节 剧场里的风云巨变

第三节 垒砌《围城》

第四节 胜利的曙光照彻生命

第一节　炫舞在战场

兵荒马乱的年代，生命如蝼蚁般渺小。但这样的年代，也给予了人们重新审视生命价值的机会。人奋力地在世上挣扎到底是为了什么？钱锺书夫妇也曾面临过对生命终极意义追问的问题。但在当下，他们面临的问题是如何在上海生存下去。

钱锺书留在上海已经几个月，清华大学那边还没有传来让他任教的消息。起初，他还能安稳地待在家陪伴妻子、女儿，他想弥补这两年在她们生活中缺席的时光。但时间长了，工作的问题就成了他的心结。温柔的妻子、乖巧的女儿都不能安抚他烦躁的内心，他整日埋头在书籍里，性情也变得有些古怪。杨绛是看在眼里，急在心头，她想为丈夫分担些烦恼，却又无从下手。她只能在一旁不断地鼓励丈夫，让他别气馁。

其实，钱锺书没有气馁，他知道凭自己的才能，在任何一个大学都会谋到不错的职位，但眼下兵荒马乱，他没法前往心仪的大学去授课，这才是一直让他耿耿于怀的原因。

还是老人家懂得年轻人的心思，杨绛的父亲见钱锺书的工作一直没有着落，这样长此以往，会耽误钱锺书的前程。他便把自己在震旦女子文理学院的课时让给钱锺书一些，让他也能有份工作。

金子的光芒总是要闪烁的，即使被埋在深深的沙砾里。钱锺书只不过顶替岳父上了几节课，但他的才能，很快就得到了校方的高度认可，他们把钱锺书聘为教授。钱锺书从此就一直在此任职，直到抗战结束后，他才结束了在此的工作。

振华女校关闭后，杨绛一直在给一位富商的女儿补课。之后，有一位朋友前往内地，她在小学的职位空缺下来了，杨绛就接手了这份工作。小学教师的工作不是一份容易的差事，因为，小学生年纪小，注意力不集中，还有些调皮不懂事。因此，很多老师都不喜欢担任小学教员。

杨绛虽然没有专门的小学授课经验，但她是个善于观察和学习的人，她肯总结别人工作的方法和经验。杨绛在小学里教授一年级课程，这是一个其他老师都不愿教授的年级。因为这里的学生刚到学校，一点规矩也不懂，还不畏惧老师，实在是调皮得很。但杨绛有她自己的方法，她仅用了几节课的时间，就把所有同学的名字都记下来了。哪个同学在课堂上调皮，她就大声叫那个同学的名字，同学们看老师似乎知道自己的一切，也就有些畏惧老师，不敢再调皮了。

小学教员的工作薪水不薄，每月还有三斗白米，足以在这乱世养家，工作进展得也很顺利，但杨绛并不十分高兴，因为工部局半日小学受日本人管制。她深爱的母亲在逃难中染病而亡，三姑母更是被日本人乱枪打死，国仇家恨不共戴天，每当见到日本人，杨绛总会心中不快，但迫于现实，只得隐忍。

但后来发生的一件事，让杨绛坚定了辞去这份工作的决心。杨绛每天上班都要乘电车，有一段路程要经过黄浦江大桥。那里的日军盘查得非常严格，乘客必须在桥头下车接受检查，步行过桥后，才能上电车。那里检查的日军嚣张跋扈，他们经常在言辞上侮辱中国人，但大部分人都是敢怒不敢言。

在日军盘查时，还有一个例行的规矩。日军上车检查时，所有人都要起来向他们鞠躬。对于这个侮辱性的动作，虽然也有很多人反抗，但都被日军残忍地镇压下去了。杨绛虽是个柔弱文静的女子，但她的内心里有着知识分子的正义感和傲气，她觉得向日军鞠躬是奇耻大辱，每次向日军鞠躬时，她都感觉脸上像被扇了耳光一样。

那次坐电车时，她起来得比周围慢了一些，这就引起了日军的注意，几个面目狰狞的日本兵走到她面前，其中一个用食指在她颔下猛一抬，瞪着她。大家都以为这个文弱的女子会花容失色、瘫倒在地。没想到，杨绛毫无畏惧地怒目远睁，竟大声喝道："岂有此理！"日本兵大概也被震慑到，没有料到这个女子会如此强硬，他们和杨绛僵持了几秒后，就灰溜溜地走了。

此刻的杨绛，也长舒了一口气，她也不知道自己是从哪里来的勇气去和日本兵对峙。想到刚才的场景，她还有些后怕，如果日本兵动了武力，那她恐怕要性命难保了。当时的自己实在有些冲动，万一自己遭遇了不幸，家里的丈夫和女儿岂不要悲痛欲绝?

经历了此事后，她就不再乘电车去学校了，每日里都是步行上班。她也想过辞去这份工作，但实在是舍不得这份工作的待遇。因为这里不但工资高，而且每月还会发给老师们三斗白米。这些粮食，对于战争年代的人们来说是弥足珍贵的，是阿圆长身体时难得的营养。

后来，随着日军侵华的进一步深入，全国人民憎恨日本人的情绪进一步升华，杨绛也辞去了这份待遇丰厚的工作，她不用再愧对自己的良心去工作了。

杨绛辞去了工作，钱锺书也拍手叫好，他不想再为妻子担惊受怕了，杨绛回到家里，他那颗悬着的心终于放下了。虽然一家人生活的重担都压在了钱锺书身上，但他没有丝毫怨言，只要一家人能够平平安安地在一起，再苦再累他也能承担。他对杨绛说："从今以后，咱们只有死别，不再生离。"

钱锺书在震旦女子文理学院的工作很出色，得到了校方的重视，还收了一个拜在他门下的学生。和学校的同事相处得也十分融洽，他与陈麟瑞就是在这期间结识的。陈麟瑞也是清华大学的毕业生，也曾在国外留学多年。回国后，他在国内多所知名大学都任教过，他主要从事戏剧创作和翻译工作。

钱锺书与陈麟瑞交好，所以两家人就走动得比较频繁。杨绛与陈麟瑞熟络后，就常向他请教问题。陈麟瑞为人谦和忠厚，他常会耐心地为杨绛讲解她疑惑的问题，他还主动地把自己珍贵的藏书借给杨绛去阅读。

杨绛赋闲在家后，有了大量的时间去学习阅读，时间长了，她也产生了做一些文学创作的想法。正好，钱锺书身边有好几个朋友都写剧，她可以向他们请教一番。冬日的一天，钱锺书和几个朋友吃饭，杨绛也在席中，饭后，几人谈起了戏剧创作，杨绛起先默默在一旁聆听，不时表露的看法让众人若有所思，受到鼓舞后，她便饶有兴致地与大家热烈讨论起来，当时在场的也有陈麟瑞和李健吾，他们觉得杨绛对戏剧创作很有见地。

在当时的上海，戏剧正处在飞速发展的高峰期，各类剧团如雨后春笋般纷纷出现。战争带来的巨大压力，让人们每日都笼罩在死亡的阴影下，戏剧就成了人们发泄压力的途径。而且，人们还可以把生活中的琐事和对政府的看法融入戏剧中。

杨绛也看到了戏剧发展的前景，她也想为上海的戏剧界做些贡献。于是，创作戏剧的想法就在她的心中萌发了。

杨绛读过的剧本虽多，但并无多少看剧经验，创作实无头绪。所以，为了创作出满意之作，她恶补了许多部名噪一时的戏剧。可是，对于一些细枝末节的问题，她还是无法准确地把握，于是便常常带着问题去拜访陈麟瑞、李健吾两人。

杨绛写稿速度快，年底就完成了处女作《称心如意》。初稿完成后，杨绛怀着忐忑的心情把它交给了陈麟瑞。杨绛初次涉足戏剧创作，剧本中问题还很多，陈麟瑞把出现的问题都一一指了出来。

陈麟瑞公正严苛，并不太留情面，若是旁人听到这样的评价，有可能会放弃创作戏剧的念头。但杨绛不是轻言放弃之人，她非常认真地听取了陈麟瑞的建议，又下功夫把剧本做了一番很大的调整，对不足的细节做了精心的润色。几天后，她把精心修改后的剧本又交给了陈麟瑞。陈麟瑞看过剧本后，总算称赞了她的创作。之后，剧本又被交到了李健吾手中。

没过几日，李健吾便打来电话，说《称心如意》立刻排演。

杨绛的心里无比惊喜和欣慰，她的努力没有白费，仿佛又找到了前进的新方向。杨绛一直想与钱锺书共同进步，她要继续努力，努力去做和钱锺书共同成长的橡树。

第二节　剧场里的风云巨变

人生如戏，戏如人生。人生的起伏谁也无法知晓，但戏剧中人物的命运却可以被人安排，这也是戏剧创作者的兴趣所在。

1943 年的春天，《称心如意》正式公演。此前，杨绛一直用杨季康这个名字，没有自己的笔名。李健吾建议她起一个笔名印在宣传片上，她想了半天，决定用杨绛这个名字。这个无心之举，竟让这个笔名跟随了她一生。

杨绛在《称心如意》中，讲述了发生在 20 世纪 30 年代上海的世间百态。主人公李君玉因为自幼失去双亲，不得不投靠其他亲属。她在亲戚家里到处受到排挤，谁都不愿收留她，她受尽了亲戚们的欺辱。后来，她在偶然间得到了舅舅的偏爱，被认作孙女，她的人生终于得到了称心如意的结局。

这是一个笑中带泪的故事，也是世间百态的真实写照。杨绛用幽默的语言刻画着剧中的每一个人物，他们的形象无不跃然纸上。这部戏剧凝结了杨绛对生活的细致观察，也是杨绛扎实文学功底和深厚文化素养的展现。20 世纪三四十年代的上海，正处于新旧文化交替的阶段，西方文化不断侵蚀着传统文化，生活在上海滩的人们也日渐变得浮躁、贪婪。而杨绛剧中所反映的问题，正切中人们思想中的困顿，因此，《称心如意》得到了观众的广泛共鸣。

剧作公演之后，还获得了很多专业人士的好评。杨绛细腻的笔法、细致入微的观察得到了剧评家的一致认可，他们还非常欣赏杨绛塑造的人物。

从心惊胆战地等待剧本通过，到“称心如意”地欣赏自己剧本的演出，杨绛的心情经历了过山车般的起落。她没有想到自己的剧本能够如此成功，当初的自己并没有成为剧作家的念头，写出《称心如意》纯粹是自己的“玩票行为”。可是，现实就是如此地充满戏剧性，许多人写了无数部剧本，可能没有一部剧本会上演，但有些人却无心插柳柳成荫。不想得到的东西却送上门来，渴望的事情却总是遥不可及，这就是命运对人们的捉弄吧。

《称心如意》上演不久后，杨绛就收到了她创作剧本的酬劳。她请上几位给予她帮助的朋友，几人在饭店里开怀畅饮，将杨绛的酬劳消灭得一干二净。虽然杨绛得到的酬劳很少，但没有比作品被承认更值得高兴的事了。

她不想将支撑家庭的重任都压在钱锺书一个人身上，她要接着努力创作剧本，用剧本的酬劳来撑起他们的小家庭。

世界上最欣赏钱锺书的人必然就是杨绛了，她甚至被玩笑地认为有“誉夫癖”，时刻不忘念叨丈夫的好。在杨绛的心里，钱锺书是一个学富五车的才子，他不应该被世俗的烦恼所牵挂，他的精力要投入在学术研究上。因此，她和钱锺书在一起后，从不奢望能拥有锦衣玉食的生活，甘守平淡，乐得自在。

有了前进的方向，杨绛不再犹豫彷徨，她在接下来的日子里，连续创作了多部作品。《弄真成假》《游戏人间》《风絮》都是她在这一时期写下的佳作，其中，尤以《弄真成假》最能代表她这一时期的成就。

在 1943 年，杨绛完成了剧本《弄真成假》的创作。此剧主要讲述了在浮华的上海滩，一些人绞尽心思地追求功利，渴望利用捷径发家致富。但是，到了最后他们的求财路都以失败告终，他们的命运并没有得到扭转。

剧中的主人公周大璋仪表堂堂，但家境贫寒，只能寄居在亲戚家里。他幻想迎娶地产商的女儿后，能够改变自己一贫如洗的处境。于是，他抛弃了自己的情人张燕华，想方设法去接近地产商的女儿。故事的结果是可想而知的，周大璋最后竹篮打水一场空，既没有娶到地产商的女儿，又失去了他的情人，他还是原来一贫如洗的模样。

《弄真成假》充分反映了当时浮躁、拜金的物质社会，因此，它引起了社会各界的强烈反响，各大报纸、杂志都争相刊载相关新闻和评论。甚至连出演该剧的演员，也写了联名信来感谢杨绛的剧本，是这个剧本让他们在剧场里出尽了风头。

杨绛的家人都纷纷前去剧场观戏，支持杨绛的创作，连体弱多病的父亲也前往了剧场。家人们不知道此剧会受到观众的热烈欢迎，每场演出都伴随着观众一次又一次的笑声。父亲杨荫杭非常激动，看到女儿创作的剧本如此受欢迎，他的眼里不禁流出几滴骄傲的老泪。杨荫杭知道女儿是优秀的，但从没想过他的阿季能做出这样的成绩，他深以为傲。

杨绛的几部作品，都受到了戏剧界的一致好评。她之前虽然没有从事过戏剧创作，但她深厚的文化底蕴和扎实的文字功底让她受益颇深，而且，心思细腻的她总能发现平凡生活中的人生真谛。她用风趣幽默又充满深度的语言，刻画着剧本中的人物，剧中的每一个人物，无不细致入微、丰满而圆润。

杨绛在戏剧界的成功，也让夫妇俩的生活得到了改善。杨绛创作戏剧得到的酬劳，都用在了补贴家用和孝敬双方父母的身上。她很少为自己买漂亮的衣服，她知道在战乱的年代，一切都是不确定的。杨绛唯愿一家人能够幸福安康，希望女儿能快乐成长，所以，她总是尽力地去满足女儿的要求，看着女儿一天天地长大，她劳累的身心就会无比放松，觉得自己所做的一切都是值得的。

战争年代的残酷，是和平年代的人们无法体会的。战火纷飞阻隔了亲人们的团聚，使恋人们无奈别离，更给人们心中留下了无法抹去的阴影。几年前的抗战，让杨绛失去了母亲和姑母，她饱尝了生死别离的痛楚。她没有想到仅仅几年之后，自己心中最崇敬的父亲，也会消失在自己的眼前。

1944 年末，抗日战争已经进入了尾期，日军开始了疯狂的反扑。上海的局势也动荡不安，父亲杨荫杭就带着家里的几个孩子去苏州避难。阿圆也随着父亲一同来到了苏州，杨绛并没有担心，因为阿圆十分喜欢和外祖父一起玩耍，而且那里还有很多同龄的孩子陪伴着她。这本是与父亲的一次短暂分别，谁知道几个月之后，杨绛和父亲竟已生死相隔。

父亲杨荫杭到苏州几个月后，突然患病，医院无法治愈父亲的病，就通知家属准备后事。在苏州的弟弟通知了杨绛父亲病危，杨绛听到这个消息后，立马决定赶到苏州去见父亲。但当时战事已经波及上海周边，上海与外界的交通都被隔断。

杨绛好不容易弄到了去苏州的汽车票，她和弟弟妹妹们都已心急如焚，急匆匆地就搭上了一辆破旧不堪的汽车。汽车里挤满了逃难的人们，几乎每个人都是站着的，杨绛无暇顾及这些，她只想赶到父亲身边。

可刚出上海不久，汽车就无法前行了，前方的道路都被破坏，汽车无法通过。而且这里还有随时被日军和土匪袭击的危险，汽车不敢逗留，立马返回了上海。回到家里的杨绛失魂落魄，冥冥之中，她仿佛知道，自己永远看不到父亲了。果然，家人们已经收到了父亲去世的消息，他们将这个消息告诉了失魂落魄的杨绛。

生命中有很多不能承受的沉重，父亲去世的消息对于杨绛来说，就是她永远无法愈合的伤口。她明明知道父亲已经去世，但却不想承认这个事实，她只有骗自己父亲还在苏州安详地照看着孩子们才能减轻心中撕裂般的痛。全家人都陷入了无尽的悲痛之中，沉重的气氛让每个人都感到窒息。

几天后，杨绛托人买到了去苏州的火车票，他们兄妹几人又匆匆赶往苏州。来到苏州，杨绛看到了在祠堂里摆放着的父亲的灵柩，她扑倒在灵柩前失声痛哭，往事如电影般闪现在她的脑海里。教她读书识字，给她讲名人逸事，告诉她如何做人的父亲，如今安稳地躺在灵柩里，她再也不能和他说一句话了。

杨绛写过许多部喜剧，她可以让有情人终成眷属，可以让破散的家庭重新团圆，但对于现实的生活，她发现她是那么的无能为力，就连在弥留之际的父亲都无法见到。这就是命运，每个人都无法抗拒的命运，在它的面前，任何人都要选择顺从，当悲伤的结局在现实中上演，我们也只能轻声叹息，付诸回忆，然后好好地活下去。

第三节 垒砌《围城》

恩爱的夫妻，就像两棵彼此依偎的橡树，他们不会给对方造成压力和不安，反而，他们会承泽阳光和雨露的恩惠，相互促进、共同成长。

杨绛夫妇就是这样的。在杨绛的戏剧作品陆续发布之后，她的名字开始出现在街头巷尾和人们的闲谈之中。她不再是之前那个默默无名的杨季康，她现在是路人皆知的名剧作家杨绛。以前，杨绛和钱锺书出席一些场合时，总要被介绍为钱锺书的夫人。而现在，她要被人介绍成“杨绛先生”。

对于妻子取得的成就，钱锺书是由衷地感到欣慰的，他为妻子取得的成绩而骄傲。虽然杨绛的名气在某些场合超过了他，但他不会感到丝毫的尴尬。真心相爱的夫妻不会嫉妒对方的成就，他们会互相扶持鼓励。

杨绛在戏剧界耀眼的成就，在某种程度上激励了钱锺书的文学创作欲望。钱锺书本是潜心研究学问之人，他一直没有将小说、戏剧之类的文体创作作为他的工作重心。但夫妻之间是可以相互影响的，看过《弄真成假》的公演后，两人从剧场出来，夜色微凉，皓月当空，钱锺书的心中也诞生了写点什么的念头。他左思右想后，决定写一部长篇小说。钱锺书把这个念头和杨绛交流了一番，杨绛自然非常支持丈夫从事创作，她鼓励钱锺书安心创作。

杨绛一边鼓励丈夫安心创作，一边在心里狂喜，她知道钱锺书才华横溢，只要他认真做的事情，都会成果丰硕。她期望着丈夫的作品早日完成，那样她就可以一睹丈夫的皇皇大作了。为了支持丈夫的创作，杨绛把家里的家务事都担在了自己肩上。她还让钱锺书减少了在大学的任课时间，以便让他有充裕的时间来从事创作。

钱锺书减少了在大学的授课时间，这就直接导致了家庭收入的锐减。家庭收入减少后，夫妻俩只能在生活上更加节俭，他们辞退了一直做家务的女佣。于是，闻名遐迩的剧作家杨绛开始亲自打理家中的一切事务。

杨绛从小就是书香门第的大小姐，出嫁后也一直生活在优渥的环境中，而现在，家里的一切事情她都要亲力亲为。每天早起后，杨绛就要生火做饭，她对于生火、劈柴是外行，每次总是把自己弄成黑脸。做饭也不是杨绛擅长的事情，她不能掌握油的温度，经常被溅出的热油烫伤手。切菜时她也要极其小心，有时一着急，她就会切到自己的手指。

杨绛为了丈夫的创作，甘为“灶下婢”，她不辞辛劳，没有抱怨，甚至甘之如饴。她偶尔望着丈夫在书桌上辛勤耕耘的背影，一切劳累就会心满意足地释然了。她心甘情愿地做丈夫的“奴婢”，一方面是对他的爱；另一方面是她已经迫不及待地想要看到钱锺书的作品了。

辛勤劳作的杨绛，就像封建社会时一心照顾丈夫考取功名的家庭主妇。她从不计较劳累与辛苦，有时，她甚至放下了自己知识分子的脸面，去做一些以前不屑一顾的事情。以前，家里做饭用的煤球都是女佣买回来归置好的。自从辞去女佣之后，这些脏活也要杨绛亲自动手。瘦小的杨绛不辞劳苦地蹲在煤堆里做煤球，每次弄完后，总是会有一脸的煤灰。

她减少了自己看书和创作的时间，烦琐的家务事让她无心眷顾自己的戏剧创作，她几乎忘记了自己是名噪一时的剧作家了。钱锺书知道妻子照顾家庭辛苦又劳累，非常不易。他就做一些力所能及的事情，来减轻妻子的负担。杨绛之前没有单独去过菜市场，钱锺书知道她会有些不好意思，就抽出时间陪她去买菜。两人携手在市场里买菜，买完后，就有说有笑地赶回家，一件生活琐事，就这样变得异常幸福。

爱是牺牲、奉献，爱是不计较。杨绛对钱锺书的情意不是轰轰烈烈，不是冬雷夏雪，那绵绵的爱就在平平凡凡的生活里，在一杯泡好的茶里，在夹好的书签上，在午时的炊烟里。生活琐碎，餐食茶点、穿衣住行，她默默为他打点停当，看着他傻气的笑容，就是最好的幸福。

妻子温暖的爱和对家庭倾情的奉献都被钱锺书深深地铭记在心里，在他眼里，杨绛一直是个文弱的女知识分子，柴米油盐的家务琐事应该是与她绝缘的，但杨绛却能把家务打理得井井有条，让他能够安心地创作《围城》。他把这深沉的爱和感动投入到了他的创作中，《围城》中的很多情节都有夫妻二人相恋时的影子。例如，苏小姐结婚的场景，几乎是杨绛和钱锺书结婚场景的再现。就连结婚的场地和流程，也像极了夫妇二人当年的婚礼。

钱锺书虽然不能在家务事上给杨绛太多帮助，但生性浪漫的他，喜欢用生活中的惊喜来安慰整日操劳的妻子。钱锺书曾写过这样一首小诗送给杨绛，原诗如下："弄翰捻脂咏玉台，表编粉指更勤开。偏生怪我耽书癖，忘却身为女秀才。"

钱锺书不擅长做家务事，杨绛因为笨拙的他受了很多累。钱锺书对此心怀感激，但他不善于用说的方式表达自己的情感，他对妻子的感激之情都倾注到了这首短诗之中。

钱锺书虽然一直是以钻研学术为本职工作，但他写起小说来，却也一点也不含糊。他属于那种才气喷薄而发的作家，灵感来时，下笔如有神助。但钱锺书从不求快，他力图精心撰写，每天只写五百字左右，写完之后就绝少改动。这一点是很多作家都难以做到的，有的作家灵感来时就笔走龙蛇，挥挥洒洒写下几千字，但这样难免会出现细节上的纰漏和疏忽，日后改起来又会影响了文章的可读性。

精心的耕种才会酿出饱满的果实，正是钱锺书一丝不苟的创作态度，才有了后来《围城》的大获成功。他每日写完稿子后，杨绛都是他的第一位读者。他志气满满地将稿子递给杨绛后，就在一旁看着杨绛品读他的劳动果实。

钱锺书有时也会不自信，他会紧张地看着杨绛皱起的眉头，生怕自己的稿子没有写好。直到妻子认可了自己的稿子，他才会长出一口气。此时的钱锺书，活脱脱就像一个面见老师的学生。

其实，杨绛对于钱锺书的稿子并没有什么毛病可挑，钱锺书做事向来仔细，从不会敷衍了事。她看过稿子后，不过是提些自己的看法，大多数时候都是对钱锺书诚恳的鼓励。她知道他心里有自己的想法，不会过多地干预他的创作。

夫妻俩的恩爱让外人羡慕不已，有的人羡慕钱锺书找到了温良贤淑、通情达理、才思敏捷的好妻子；有的人羡慕杨绛找到了博学多识、才高八斗、温文尔雅的好丈夫。但殊不知，他们的恩爱不是因为他们各自有多优秀，而是他们夫妻之间能够做到相互理解、相互尊重，绝不去过多地干预对方。

就这样，在日复一日的辛勤创作中，钱锺书的大作《围城》，在历时两年之后终于完稿了。《围城》定稿之后，最先是在《文艺复兴》上以连载的方式发表的，后来随着读者的热烈反响，多家出版社争相出版《围城》。

“围在城里的人想逃出来，城外的人想冲进去，对婚姻也罢，职业也罢，人生的愿望大都如此。”这个无数次被引用的句子正是杨绛写在《围城》扉页上的一句话。

从《围城》第一次出版到今天，它已历经无数次再版，无数读者依然对它趋之若鹜。当很多名噪一时的作品都已尘封在角落里无人问津时，《围城》在广大读者中依旧保持着它原来的温度。只有经典的力量才能经受住岁月的考验，只有尽心雕琢的作品才能成为经典。

《围城》在报纸上连载后，钱锺书的很多朋友都十分诧异。因为在他们的眼里，钱锺书一直都是个潜心学问的学究，如今却写出这样一部佳作，实在是令他们为之折服。

钱锺书在《围城》发表不久后，就成了文学界闻名遐迩的名作家。

在此之前，杨绛的名气是要超过钱锺书的，但钱锺书的《围城》发表后，形势逆转，之前的杨绛先生，如今又变成了“作家钱锺书夫人”。

这样的变化是钱锺书始料未及的，他没有想到自己的作品会如此受读者欢迎。很多读者看到了《围城》后都想一睹钱锺书本人的风采，他们以为小说中的事情都在钱锺书身上发生过，很多读者还来信表示同情他的遭遇。这些状况让钱锺书哭笑不得，但对此却又无可奈何。但杨绛心里却满是甜蜜的喜悦，她知道是丈夫的小说撰写得太过真实、生动，才会感动如此多的读者。她看到丈夫的《围城》如此受欢迎，心里对丈夫的崇拜不禁更深了一层。

《围城》是钱锺书潜心创作的小说，也是夫妻二人恩爱多年的结晶。如果没有杨绛无私的奉献，中国现代文学史上就会少一部璀璨的佳作。所以说，《围城》中渗透的不仅是钱锺书呕心沥血的精魂，还有杨绛数十年如一日无私的奉献。

第四节　胜利的曙光照彻生命

生逢乱世的文人，总要找些可以让自己潜心闭关、不闻窗外事的营生来做。有的人选择了埋头在故纸堆中间，有的人选择陶醉在诗词歌赋中间。文人这样的选择也是出于无奈，他们不能对动荡的社会做太多贡献，又会被动荡的社会所牵连，索性就远离世俗，做一些力所能及的贡献。

钱锺书当初的选择也是出于此种想法，并且他的确为文学界做出了巨大的贡献。在《围城》出版多年后，许多电视台都萌生了把它搬上银幕的想法。

最初，钱锺书婉言拒绝了多家电视台的邀请，他觉得文字的东西搬上银幕，会让很多微妙的感觉都无法表现出来。但还是有很多对此感兴趣的电视台不断联系钱锺书。最终，还是上海制片厂的工作人员获得了夫妇二人的信任，将《围城》改编成电视剧的权利交给了他们。

杨绛对于小说的改编十分上心，她不想丈夫的作品被误解或篡改。

她仔细地将制片厂的剧本看了两三遍，细心地标出所有不妥之处和遗漏之处，甚至对于电视剧的拍摄场景和道具，她也提出了很多建设性的意见。最了解钱锺书《围城》的人莫过于杨绛，她深爱着钱锺书，她知道丈夫想表达什么，杨绛精辟的见解，对于制片方拍摄《围城》起了很大的帮助。

电视剧上映之后，他们一家三口都兴致勃勃地观看了此剧。他们欣赏剧中演员的精彩演出，赞叹导演精湛的剪辑手法。看到剧中的场景，夫妻俩还会忆起撰写《围城》时的那段艰辛岁月，虽然那时他们经历了各种苦难，但现在回想起来，却是苦涩中带着幸福的甜蜜。

日本在 1945 年 8 月 15 日向中国政府投降，抗日战争宣告结束。这个振奋人心的消息让全中国都兴奋了起来，举国欢庆，锣鼓喧天。钱锺书的家人也都聚在了一起，准备热热闹闹地好好庆祝这个值得纪念的日子。

杨绛大喜过望，竟又悲从中来。百家欢乐，灯火通明，却也让她想起在战争中死去的亲人们，母亲、姑妈、父亲，他们一个接一个地离开了自己，她甚至连父亲的最后一面都没有见到。现如今，战争结束了，国家安定了，父亲却再也见不到这和平安定的景象。想到这些，杨绛难掩悲情，恸哭流涕，无法释怀。

钱锺书只能不断地安慰她，让杨绛振作起来，只有珍惜眼前，好好生活才能让父亲在九泉之下得以安眠。有丈夫的关怀陪伴，杨绛才慢慢从低谷中走出，做好了准备，安然地迎接新的生活，去守护珍爱的人。

动荡的国家重归安定后，知识分子们重新开始受到了礼遇。应政府部门的邀请，钱锺书辞去原来在震旦女子文理学院的工作，来到了中央图书馆担任英文总撰。像钱锺书这样不世出的人才，本来就应该得到重视，很多学者都非常认可钱锺书的才华。

但多年的战乱让钱锺书没能海内扬名，反而是他的《围城》给他带来了很高的知名度。因为广大读者对他的追捧，他开始受到校方和政府的重视。多所学校都邀请钱锺书去任客座教授，同时，他还受邀担任英国文化委员会顾问一职。

在此一年前，夫妻俩还在上海的弄堂里苦苦酝酿《围城》；一年后，他们的境遇就发生了翻天覆地的变化。随着钱锺书工作职位的变化，他们夫妇的生活方式也发生了微妙的变化。以前两人整日在家里读书、创作，很少参加活动；现在，他们多了很多社交活动，同时也结识了许多志同道合的朋友。

虽然夫妇二人的生活发生了巨大的改变，但钱锺书和杨绛没有因为这些变化而改变什么，还是用一颗平常心对待生活，他们心中有着自己的执着和淡然。也正是这种执着和淡然，让他们顺利地度过了以后日子里无数的劫难。

钱锺书在中央图书馆任职的日子里，他的才华被大家充分了解，很多人都认为他是几百年才出现一位的人才，甚至有人把他誉为“国宝”。这虽然有些夸张，但也说明了钱锺书在那个年代的影响力。

抗日战争过后，国共两党陷入了三年的内战，这场内战最后以共产党的胜利而告终。在内战结束前夕，国民党要转移到台湾，他们向很多优秀的人才抛来了橄榄枝，期望他们能够跟随国民党一起撤退到台湾。钱锺书和杨绛也收到了这样的邀请，但他们都坚定地回绝了。

他们热爱着脚下的这片土地，他们热爱着这片土地上的人民，他们不可能抛弃热爱的土地和人民去远赴孤岛。

当时，有很多学者都离开了大陆。他们有的远赴欧美，有的赶赴香港，有的奔赴台湾岛，总之，他们要远离祖国大陆。钱锺书和杨绛也受到了海内外的很多邀请，台湾大学邀请他去做教授，香港大学邀请他去担任院长，连英国也发来了邀请。但这些诚挚的邀请都被钱锺书婉言回绝了，这些优渥的职位是许多人羡慕已久的位置，他们难以想象钱锺书会拒绝这些职位，而选择留在满目疮痍的大陆。

钱锺书曾这样描述过他对祖国的热爱，他借用了宋代词人柳永的一首词："衣带渐宽终不悔，为伊消得人憔悴。"这就是他对祖国的热爱，他心中永远舍弃不下祖国。

虽然杨绛和钱锺书是这样热爱着他们的祖国，但在新中国成立之后，他们为了当初的决定饱经磨难。有人问杨绛，她是否对当初留在大陆的决定而感到后悔，杨绛没有直接回答这个问题，她借用了父亲杨荫杭曾经对她说过的话，那就是："人活着不一定全是为了享福。"

没有经历过钱锺书和杨绛那样海外生活的人，是不会理解国家二字对于他们的重要性的。当初，二人出国留学时，中国人还被认为是东亚病夫，他们在外面受尽了外国人的嘲笑。因此，他们宁可留在国内做一个清贫的教师，也不愿在国外做一个富裕但没有尊严的教授。

也许，这就是故土难离吧。曾经闯荡四方的游子，才会更加清楚故土在心中的位置。杨绛和钱锺书前半生都在四处漂泊，他们见识了世界各地的繁华富裕，他们现在只想安心地留在故土，留在那个他们牙牙学语的地方，那里有他们恋恋不舍的根。

上海解放后，夫妻二人的母校——清华大学就发来了邀请函，请他们回清华去任教。这个消息令二人振奋万分，清华大学是国内最优秀的学府，能在那里任教，也是对二人能力的一种肯定。

二人收到邀请函后，当即就决定动身前往北京。他们把家里简单打理一番，收拾好随身携带的衣服，就踏上了北上的旅途。北京的清华园是二人相识、相恋、相知的地方，那里有他们的甜蜜回忆。能够重新回到清华园，杨绛心里充满了激动和憧憬，她要回到那里，带着阿圆一起去游遍清华园，去和她一起分享自己在这里的幸福岁月。

想到这些，杨绛的心里满怀激动，她憧憬着自己和丈夫在那里安稳地任教，他们耐心地教女儿读书识字，他们一家三口在那里幸福地生活。这一切美好的愿景，在此刻却触手可及，那么真实。杨绛从未想到，他们此次北京之行，会经历那么多的劫难。

当时的阿圆已经十几岁了，她出落得比小时更加乖巧可爱了，她带着自己心爱的洋娃娃和玩具跟在父母的身后，她不知道北京是什么样子，她对那里充满了好奇和渴望。虽然那里的一切都是未知的，但她从父母脸上的笑容中可以想象到，那里一定是充满幸福和快乐的。

第六章 | **深陷苦难**

为岁月刻一道深痕

第一节　生命中不可承受之重
第二节　细碎的生活
第三节　苦难岁月流淌的故事
第四节　浪漫的菜园

第一节　生命中不可承受之重

生命的旅程中有时充满了奇异的芳香，有时也会有令人难以忍受的苦涩，生命的旅程，就是因为它的千变万化才充满了诱惑。当你享受了生命带来的喜悦时，就要准备承受生命带来的沉重。每个人都喜欢生命带来的喜悦，但生命的沉重来临时，却也不得不默默地去承受。

杨绛一家三口到达北京后，就被安排进了清华园的家属住宅。他们三人在这里一待就是一辈子，直到生命走到尽头，他们才不得不分开。

当时，为迎接新中国成立，全国人民都陷入一片热烈的狂欢中。在大学的校园里也不例外，重复生机的清华大学，又回到了一片朝气蓬勃的状态里。教授们又回到了自己熟悉的岗位，同学们也重新找回了学习的节奏，清华园里又恢复海内第一学府的气象。

钱锺书回到清华后，仍是担任教授的职位。他主要负责教授外文、西方文学史和哲学，此外，他还要在课余时间指导几个研究生的学习。因为清华大学有专门的规定，夫妻二人是不能同时在学校里担任正式教授的，因此，杨绛只能先做一位兼职教授。兼职教授不同于正式教授，她的课时很少，也不用参加学院里的日常会议。

杨绛没觉得有任何委屈，她享受这种自由的工作方式，她不必受学校的约束，可以有更多的时间去完成她的创作。而且，杨绛本就是不喜约束的人，不必忍受无休止的会议，她反倒把这种境遇看作是一种“优待”。

当时的校园里，到处都弥漫着苏联风格的打扮，那些时髦的女孩子，无不例外地穿着灰色长裤，上身则是统一的列宁装。杨绛是这群人中的“异类”，她平日里仍是一副上海女子的打扮，素雅的旗袍，盘起的发髻，让人不禁想到了三四十年代的上海。有人会说她太招摇、太特立独行，但杨绛并非如此，她只是保持着自己心中的想法，她不因为外界的变化而改变自己，她那颗知识分子独立又有些骄傲的内心，不允许自己随波逐流。

来到清华园后，杨绛夫妇的生活方式并没有太大变化。他们把家里简单地布置了一下，一张桌子，几把椅子，剩下大半的空间都用来装书。书，才是夫妻二人生活中最重要的东西，晚饭后，照例还是阅读时间，两人围坐书桌，默然相对，互不干扰，各自耕耘着自己的书田。调皮的阿圆总免不了要过来“视察”，她好奇地翻翻母亲手中的书籍，或是用千奇百怪的“为什么”来问父亲。

钱锺书总会认真地解答女儿的疑问，他还会耐心地教她解决问题的方法。有时，阿圆拿着不认识的字来找他，但他不会直接告诉女儿这个字的读音和意思，而是会找来字典，手把手地教她查字典。如此，女儿不仅知道了字的读音和意义，还掌握了查字典的方法，以后就可以自己查生字了。

此时的杨绛，已经没有了以往那种对戏剧的热情，她也没有太多的灵感去创作新鲜的剧本。在抗战结束后，她的兴趣开始转移到翻译外文作品上来。最开始，她只是选一些简单的散文来翻译，她会选取易于中国读者接受的片段来翻译。翻译好后，她就拿到报社去发表，这些翻译作品，还得到了当时著名翻译家傅雷先生的称赞。

傅雷先生是当时中国翻译界的泰斗，能够获得他的称赞是极其不容易的事。起初，她还对自己的翻译功底有些怀疑，不敢去翻译复杂的外文小说。而在得到了傅雷先生的肯定后，她开始渐渐尝试去翻译一些短篇小说。她翻译的第一部作品是自己非常喜欢的小说，西方第一部流浪汉小说《小赖子》。

她先从法文版的《小赖子》入手，后来又参照了原版西班牙文，前后两次细致入微的翻译，让中文译本达到了很高的水平，译本尽可能真实地还原了原著。在翻译《小赖子》的过程中，杨绛对西班牙的文学作品有了系统深入的了解，她开始对这个充满异域色彩的国家产生了巨大的兴趣。也许，就是从那时起，她产生了翻译《堂吉诃德》这部巨著的念头。

一家三口平静的生活并没有持续太久，随着国内局势的逐步稳定，对知识分子的改造活动也在全国开展起来。这场声势浩大的整改运动，率先在全国各地的高校里展开，因为，那里集中着全国多半的知识分子。

杨绛和钱锺书对于此项运动倒是没有太多的想法，他们素来与世无争，不知魏晋，从不争名逐利，也不勾心斗角。因此，他们从不与人结怨，也不与别人斗气。但就是这样的好人，在当时的环境里，也不得不去参加一些莫名其妙的改造会议。

当时，国家对于知识分子的改造工作，主要是为了清除知识分子中一些偏激和反动的思想，并没有涉及其他内容。但随后的反右斗争运动很快就被扩大化，很多不应该被涉及的内容也被牵涉进来。

这项思想改造运动，在具体的实施过程中，也被别有用心的人赋予了新的内容。当时的思想改造包括三个阶段：首先是进行思想动员；其次是集体谈论阶段；最后就是声讨控诉阶段。这些花样百出的改造运动，让很多知识分子都变得不知所措。他们在讨论会上目瞪口呆，不知道该说些什么，但讨论会是残酷的，他们必须指出其他人身上需要改造的地方。

这就让很多人陷入了尴尬之中。因为，这些人都是低头不见抬头见的同事，非要从对方身上找出一些“莫须有”的问题来讨论，实在是有些为难。杨绛也经常陷入这种困境当中，她不明白这个改造活动的意义何在。

但杨绛素来就与世无争，她很快就做好了自己的思想检讨，因为她本就是个兼职教授，很少参与到学校的日常工作中，所以，她的问题也很少，没人会去关注她的思想改造是否彻底。

一次改造大会，杨绛和往常一样准时前往会场，她从没有想到那一天的矛头会指向自己。当天的大会，还是和往常一样死板地进行着。几个人零星地说几句无关痛痒的话，底下的人就鼓掌表示相应。

但平静的会场，突然被一个女生的激动控诉打断。她控诉杨绛上课不讲工农兵，只讲风花雪月；她控诉杨绛教导他们，恋爱应当茶饭不思；她控诉杨绛教导他们，见了情人，应该脸发白、脚发软。

这一连串的控诉，如一盆冷水般泼在了原本平静的杨绛身上。她先是一愣，接着心中生出许多委屈和无数不解。这个学生自己并没有教导过，她为什么要说这些恶毒的话呢？当时，在场人都被这些控诉惊呆了，他们都一致地看向杨绛。杨绛觉得脸上有些火辣辣的，她不知道如何处理这种状况，只是面上还保持着平日里波澜不惊、坦然自若的样子。

这个女学生的控诉掀起了会场观众的热情，他们纷纷起来控诉，幸而还有下一个要上来检讨，她得以逃脱，一阵接一阵的控诉把杨绛湮没在人声鼎沸之中。会议结束之后，很多“关心”杨绛的人都来询问她，他们有意无意地触痛着杨绛。杨绛也没有多说，她急匆匆地赶回了家。

回到家后，钱锺书和阿圆都已在沉睡之中。她心里的委屈无处倾诉，只能一个人静静地坐在床边。她回想着会场上发生的事情，那一句句刺耳的控诉还一直萦绕在她耳边。杨绛并未难过太久，更多的只是不明白，平日里可爱的学生，为什么会变成那番模样，让她琢磨不透，却感到一阵阵心寒。

幸好，杨绛不是内心柔弱的女子，她很快释然，不能因为别人的污蔑而让自己委屈。理解她的人，自然会理解她；不理解她的人，她说再多也无济于事。杨绛心中本来就有自己的主见，她不在意别人的看法，不会介意别人用异样的眼光看待她。

这就是坚强、乐观的杨绛，她表面上看起来娇小柔弱，但内心里却是倔强又坚强的。在控诉会不久，《人民日报》上就发表了学生控诉杨绛的相关文章，杨绛不以为然，她觉得最坏的后果也就是自己失去兼职教授的职位。但此事的后果令杨绛大吃一惊，她不仅没有失去兼职教授的职位，反而因为选修她课程人数的增多而增加了课时。也许，是《人民日报》的宣传帮她提高了知名度。

但不是每个人都能像杨绛一般坚强，很多知识分子在遭遇无端的控诉之后，选择了以极端的方式结束自己的生命。他们并不是软弱，而是他们身上还保留着知识分子的骄傲和尊严，他们不允许自己的尊严受到他人无礼的践踏。杨绛和钱锺书共同的朋友高崇熙，就是在控诉大会的第二天自杀的，只因他不堪忍受无耻之徒对他的侮辱。

生命之花，本应该灿烂地绽放在阳光之下。但在乌云闪电之下，一切都变得那么柔弱，那么不堪一击，生命之花不能承受狂风暴雨的摧残，它只能选择结束自己的生命，来保有它的清白之躯。

杨绛和钱锺书在得知好友的死讯之后，默默地对视了良久，他们都没有说话，接着紧紧地相拥在一起。他们要一直紧紧地依着对方，风雨与共、不离不弃，他们要用至诚的爱情去承载沉重的生命。

第二节　细碎的生活

平淡的生活，才是治愈一切苦难的良药。徘徊在家长里短、柴米油盐之间，会让人忘却生命的苦难。夫妻之情、母女之情、朋友之情，都散落在平淡的生活中，它们温润如玉，如醇厚的美酒一般，安抚了苦难中受伤的心灵。

虽然如火如荼的思想改造运动让平静的生活受到了冲击，但杨绛一家在夫妻俩的经营下，还是保持着以前的其乐融融。改造活动平白占据了诸多空闲，工作本就忙碌，夫妻俩只有充分利用闲暇时间，潜心学术研究和文学创作。

钱锺书的研究成果日渐丰硕，他已经成了清华大学的门面；杨绛的成果也不差，她在文学研究和翻译领域的造诣也日渐精深。夫妻俩都没有因为对方的光芒而黯淡，他们齐头并进，互相鼓励、扶持，堪称当时文学界的“模范夫妇”。

夫妻俩虽然没有太多时间陪伴阿圆，但女儿还是在他们的庇护之下茁壮地成长了起来。阿圆小时候也是饱经磨难，她上小学时就经常生病。她生病了就被母亲立刻接回家里，病好后又被送到学校，这样反反复复，阿圆一学期都没有在学校待几天。最后，杨绛索性把她接回家，亲自教授她学业。

在阿圆十岁时，生过一次大病。她的右手食指关节肿大，医生诊断为骨结核。这是一种非常可怕的疾病，一旦病毒转移到脑部，病人的生命就岌岌可危了。在阿圆确诊后，杨绛整日以泪洗面，她怕阿圆就这样离她而去。她每日精心照料着阿圆，她按时给阿圆服用西药，还给她补充各种营养。

好在上天眷顾他们一家，十个月后，阿圆的病竟奇迹般地痊愈了。杨绛欣喜若狂，她的宝贝女儿终于安全了。虽然阿圆的病已经痊愈，但她的身体还是很弱，疾病总是不时地找上门来。杨绛心疼自己的女儿，不想女儿经常被病魔所缠绕，所以尽量去给女儿做最有营养的饭菜。每天深夜，她都要给女儿盖好被子，生怕她着凉后感冒发烧。

杨绛之前是没有这般细心的，但自从女儿生病之后，她在生活上变得细腻了很多，往日的大小姐模样彻底从她身上消失。女儿的一颦一笑都牵扯着她的心灵，自从有阿圆后，牵挂就成为一种本能。母亲对阿圆无微不至的关怀，也让从小就伶俐的阿圆变得更加乖巧、懂事。阿圆知道，自己脆弱的身体给家里带来了很大的负担，幼小的她，甚至对母亲产生了一些愧疚的情绪。

阿圆继承了父母的优良基因，在她很小的时候就在学习上展露了过人的天赋。她喜欢读书，家里的书她都要去翻上一遍。每天晚饭后，杨绛和钱锺书总会围坐在书桌旁研读书本。没人陪阿圆玩耍，她也不会哭闹。她会从书架里找出一本她喜欢的书籍，坐在一个安静的地方一个人看书，那认真的样子，就像一个陷入沉思的学者。夫妇二人看到阿圆读书的样子，总会不约而同地相视一笑，杨绛说阿圆像钱锺书，钱锺书说阿圆像杨绛。总之，夫妻俩都为阿圆感到骄傲。

以前，阿圆和爷爷在一起时，爷爷也被她的伶俐懂事所感动。那时，爷爷家里的小孩子很多，他们吃过饭就满院子地玩耍。阿圆早慧，不太喜欢和他们一起胡闹，她总是躲在屋子里看书，甚至连《三国演义》这类有些晦涩的书籍她也喜欢去阅读。有时，爷爷会在一旁睡觉，她就安静地坐在椅子上看书，她见爷爷睡深了，担心着凉，就用毯子把爷爷的身子盖上。爷爷醒来，看见身上的毯子和一旁安静读书的孙女，笑得合不拢嘴，他常说，家里总算后继有人了。

阿圆随父母来到北京后，在学业上，还是遇到了一些问题。她在上海读完初一，本来可以在北京的初中升到二年级。但因为她年纪太小，必须重新读一遍初一才行。阿圆起初还去学校读书，但她发现学校教授的内容都是她已经掌握的，她学习的热情就不是很大了。

细心的杨绛觉察出女儿的反常，了解女儿没有学习热情的原因后，她让阿圆自己选择，是继续上学，还是由她来教导。阿圆选择了后者，她知道，母亲更了解她，从母亲这儿能学到更多。杨绛闲暇时间并不多，但是圆圆聪敏机灵，领悟力强，许多知识一经点拨便能明白。渐渐地，阿圆的学习能力提高很多。

但杨绛对于数学方面的知识还有所欠缺，她没法给女儿做太多的指导，只能让女儿自学，她相信阿圆能够顺利地掌握那些知识。果然，女儿没有让杨绛失望，她在参加考试时，数学获得了满分。这样优异的成绩让杨绛兴奋不已，她为自己优秀的女儿感到自豪。

杨绛和钱锺书曾经想要再生一个孩子，那样，阿圆就不会那么孤单了，也有了玩耍时的伙伴。但杨绛又想到，如果再生一个孩子，他们给阿圆的爱就要减少一半。想到这，杨绛立马打消了再生一个孩子的念头，她不可能减少对阿圆的爱，她要把她全部的爱都倾注到阿圆身上才够。那样才不会让乖巧懂事的阿圆受委屈，作为母亲的她才会心安。

钱锺书也怀有类似的想法，他也不想女儿得到的爱被减半。因为乖巧的女儿实在是太惹人疼爱了。钱锺书在家里就是女儿的好“哥们儿”，他和女儿站在一条战线上来“对抗”杨绛。父女俩在家时从不收拾屋子，两人把衣服、枕头弄得到处都是，还把乱得一团糟的屋子美其名曰“狗窝”。两人的“不求上进”让杨绛哭笑不得，她在家里收拾屋子，两人就跟在她屁股后面搞破坏，她实在拿这两个活宝没有办法。

女儿渐渐长大后，就不再和父亲那么疯癫地玩耍了，她开始帮父亲做些力所能及的事情。钱锺书有时太过忙碌，阿圆就会帮父亲登记试卷分数，她做事耐心仔细，从不会把分数弄错。

钱锺书要出远门时，还会叮嘱阿圆照顾妈妈，而不是让杨绛照顾好阿圆，他知道女儿懂事又能干，一定会照顾好母亲。

事实上，也的确是阿圆在照顾母亲。母亲做饭时，她就在一旁给母亲打下手，择菜、洗菜、刷碗，她样样都能干。每天睡觉前，阿圆还要提醒母亲关好门窗、盖好被子。杨绛也乐于享受阿圆的“照顾”，感到格外的温暖和幸福，她甚至把阿圆当成了妹妹，一个比她小很多的妹妹。看着阿圆忙来忙去的样子，杨绛也感到了一丝心安，她在想，阿圆以后肯定能成为孝顺的女儿和优秀的人才。她总是心怀感恩，上天是多么眷顾他们夫妻，才会赐给他们这么乖巧优秀的女儿。

有阿圆陪在身边的日子总是格外开心，然而她知道，女儿总会长大，长大了就要外出求学、工作、结婚，陪伴的日子其实是相当短暂的，杨绛每想及此总会感念一番，但是正因如此，她就更珍惜和阿圆在一起的时光了。

阿圆升入中学后，就开始了住校生活。好在学校离家很近，阿圆每到周末都可以回到家里。回到家的阿圆总是会帮母亲做家务，她从不让母亲洗自己带回的脏衣服，不愿让母亲操劳。

很多人都不相信阿圆是独生子女，在她的身上没有独生子女那种被娇惯的脾气。女儿出落得这样优秀，杨绛从不觉得是他们夫妻俩教导有方，她认为是阿圆自己懂事，她是个聪明的孩子。

但美中不足的是，阿圆的身体一直不好，已经痊愈的疾病又有了复发的迹象。医生建议阿圆休学一年，杨绛听过医生的建议后，立马为女儿办好休学手续。她把阿圆接回了家，自己有时间就尽量陪着女儿。阿圆在家里待不住，就陪着母亲去清华的图书馆读书。母女俩常常携手出入图书馆，就像两个亲密的姐妹，这样的场景让许多人都无比羡慕。

后来，阿圆考取了北京师范大学的外文系，她的志向就是成为父母那样光荣的教师。夫妻俩都很支持阿圆的选择，他们欣慰地看着自己的女儿一步步地成长为优秀的人才。女儿的优秀成绩，甚至让他们忘却了生活中遭受的苦难。杨绛总是在想，生活苦一点、累一点没有关系，只要他们一家三口能够平淡地生活在一起，那就是世间最幸福的事情。

第三节　特殊岁月流淌的故事

平淡岁月里的点点滴滴，可能会因为时光的流逝而被人们所淡忘。因为，这些点点滴滴太过平凡，无法在人的心中刻下痕迹。而苦难的岁月，总会在人心中刻下抹不去的烙印，那烙印深入骨髓，任时光荏苒，也无法被岁月抚平。

1957 年，当新中国成立初期，对知识分子的改造运动已经被人们慢慢淡忘时，又一场将矛头指向知识分子的运动在全国开展起来。

这次的运动指向资产阶级知识分子，所有被认为涉及资本主义的作品和思想都被划为毒瘤。杨绛和钱锺书自然难逃此劫，他们有着多年留学海外的背景，回国以后，又都从事外文教学研究。他们的大部分研究成果和创作，都涉及所谓的“资本主义”。

两人私下里暗自商量，都不再触碰“资本主义”的毒瘤。杨绛不再发表研究外国文学的文章，她专职做起了翻译工作。这也是无可奈何，但起码还能接触到文学书籍，让她宽心不少。

但政治运动变化无常，就算夫妻二人已经谨小慎微地生活了，“右派”知识分子的帽子还是被扣到了他们的头上。杨绛在数年前发表的一篇文章被翻了出来，有人批判她误导读者，说她用错误甚至危险的观点来解读现实主义作家斐尔丁，这会给人民群众的工作、生活带来极大的危害。

这样莫须有的罪名，在今天看来可能有些滑稽，但在那个政治气氛高度紧张的年代，这是个非常严重的罪名。面对这样无理的指控，杨绛也只能默默地去忍受，因为她知道，自己的反抗是没有丝毫意义的，那只会给自己和家人带来更大的灾难。

钱锺书也抱有同样的想法，他没有对自己的“罪名”做过多的辩解，还诚恳地撰写了思想检讨书。夫妻二人在批斗大会上保持了默契的一致，他们都低着头，一句话也不说，偶尔，他们还会用饱含深情的眼神鼓励对方。虽然他们夫妻二人都还保持着乐观的心态，但杨绛还是有些心酸，她看着钱锺书拖着沉重的身躯，在台前一站就是一晚，她感到无比的心痛，担心钱锺书会吃不消这样的折磨。她甚至在想，一旦丈夫垮下了，她怕是也支撑不了多久了。

万幸的是，夫妻俩平常为人和善，很少得罪同事、朋友，他们低调的性格，让他们躲过了更残酷的批斗。但“右派”的帽子被扣到脑袋上，就很难从头上摘掉。并且，戴上了“右派”的帽子，就意味着要接受贫下中农的再教育，要在艰苦的环境下努力磨掉身上的“劣质”。

两人在被批斗不久后，就收到了组织上对他们的处理意见。杨绛和钱锺书都要到乡下去改造，杨绛还是下乡的第一批人员。得知这个消息后，夫妻俩都沉默不语。钱锺书沉默了一阵，开始帮杨绛收拾行李。他把能用得上的必需品都装在行囊里，因为担心杨绛受凉，他还额外塞了一条毛毯。看着被塞得鼓鼓囊囊的行囊，钱锺书还是放心不下，他还想在里面装点什么，那样，他才能稍微心安一下。

杨绛没有心思收拾行李，她的心里惦念着钱锺书。她很久都没与钱锺书分开了，钱锺书在她眼里还像个孩子一般，没有她的照顾，肯定会吃很多苦。

钱锺书在一旁忙碌地收拾行李，杨绛有些心酸地看着他，夫妻俩就要这样匆匆地分别了，这一别，也不知何时才能团聚。此刻，杨绛唯有向天祈祷，她希望父母的在天之灵能够保佑他们，让他们一家三口早日团聚。

下乡的地点就在北京的郊区，杨绛一行十几人乘着货车赶到了改造地。那是一个贫穷的小山村，村里的房屋都已年久失修。杨绛他们居住的地方也不例外，破旧的茅屋里铺上稻草，就成为他们的宿舍。杨绛在来此之前，还是做了一些心理准备，她知道这里的条件会很艰苦，因此，看到这样的居住条件，她也没有太惊讶。

当时所谓的“下乡改造”，主要是让知识分子干一些体力活。杨绛虽然从小生长在书香门第，但地里的农活她还是可以上手的。但她毕竟不再年轻，所以只能干一些力所能及的事情。同去改造的“难友们”也会照顾杨绛，他们尽量把一些轻巧的农活留给她，不让她太劳累。

虽然如此，杨绛还是在改造期间日渐消瘦了下来。这里每日的伙食只有窝头和粥，坚硬的玉米窝头难以下咽又不易消化。杨绛每日都是饿着肚子入睡的，第二天早起后，她已经饿得眼冒金星。

改造的生活十分艰苦，瘦弱的杨绛要忍受许多未曾经历的苦难。但在恶劣的条件下，杨绛还是挣扎着挺了过来。因为，在苦难的生活中，她还是能看到照亮心灵的曙光。这道曙光，就是钱锺书不间断的来信。

从前，杨绛不在身边时，钱锺书就有写信告诉她自己每日所思所想的习惯。他喜欢用这种方式来慰藉与自己分离的妻子，因为，杨绛看到了钱锺书来信，就会知道他每日都发生了什么事情，两人遥远的距离就会被这一张薄薄的信纸所拉近。

同杨绛一起改造的人，都十分羡慕杨绛厚厚的来信。他们表面上嘲笑杨绛和钱锺书的亲昵，其实，这样恩爱的夫妻情谊是任何人都渴望拥有的，尤其是在那特殊的年代。

杨绛很珍惜钱锺书的来信，每读完一封信，她都会小心翼翼地将信折好，把信藏在隐秘的地方。几个月下来，信已有厚厚一沓。这些厚厚的信件，杨绛已无法为它们寻找隐秘的藏身地，她不忍心将它们抛弃，无奈之下，只能忍痛将信件付之一炬。蜡黄的信纸上布满了密密麻麻的字眼，这些字眼里承载着钱锺书深深的牵挂。看着这些牵挂一点消失在火焰里，杨绛的心里有百般的不舍，谁能忍心亲手烧掉这饱含深情的信件呢？

漫长的下乡生活在几个月之后结束了，虽然这段时间杨绛受了许多苦，但能平平安安地回到家，她的心里还是满怀感恩的。她回到家不久后，钱锺书也从下放的地方回到了北京。

女儿阿圆的工作问题一直困扰着夫妻俩。她本来要远离北京去支援边疆的，夫妻俩自然不舍得女儿去那么远的地方，女儿是他们生活里最大的牵挂。后来分配工作时，女儿被学校安排留校做助教。这样一来，夫妻俩的担心就烟消云散了，生活又重新回到了一家三口其乐融融的场景，谁也不会再离开了。

杨绛希望未来的生活就这样一直持续下去，她不想再离别奔波了，她想安安稳稳地过好自己的下半生，她要和钱锺书、阿圆一起去憧憬未来的日子。但这个简单的愿望，在当时却是十分奢侈的，因为，在那个政治动荡的岁月里，知识分子的命运就像空中飘散的飞絮，他们无力把握自己的生活，只能随波逐流，或是选择毁灭。

一家三口其乐融融的美好日子没持续多久，就被一场突如其来的风暴打破了。这场风暴比以往更加猛烈，杨绛和钱锺书都受到了无情的打击。他们两人先后被停职监管，而且，夫妻俩的衣食住行都受到了苛刻的限制，他们不能再享受以往的待遇了。

组织上给杨绛和钱锺书分配了新的工作，杨绛负责女厕所的清洁工作，而钱锺书则扛起了扫把去打扫院子。这种境遇下，天性乐观幽默的杨绛仍坦然处之，她甚至说，在“文革”这一特殊条件下，“收拾厕所有意想不到的好处”：其一，可以躲避红卫兵的“造反”；其二，可以销毁“会生麻烦的字纸”；其三，可以“享到向所未识的自由”。苦中作乐，大抵就是如此吧。

可夫妻俩遭遇的磨难还远不止于此。在这场运动中，很多平日里为人和善的邻居都变成了“刽子手”，他们想出各种残忍的手段来折磨知识分子，很多人都不堪其辱而选择了结束生命。杨绛也没能逃脱他们的魔爪，强行被他们剃了“阴阳头”。

在一次批斗中，有个姑娘用树枝猛抽杨绛后，又拿出一把锋利的剃发推子，把几位被批斗的女性都剃成了“阴阳头”。其中一位临到被剃时，含泪合掌，向那姑娘拜佛似的求饶才幸免于剃头。杨绛不愿求人，就由她剃光了半个头。

所谓的“阴阳头”，就是将头发剃掉左边一半，留下右边一半。对于男同志来说，这样的酷刑不算残忍，他们可以把头发剃光留光头。但对于女性来说，这样的酷刑就极其残忍了，原本像瀑布般的长发，突然被弄得不伦不类，这是任何女性都无法忍受的事情。

杨绛的遭遇让钱锺书心痛万分，他不断地安慰着杨绛，可杨绛伤心了一阵后，就想出了一个应对的办法。杨绛从柜子里找到了阿圆以前剪下的辫子，她要用这个辫子给自己做一个假发，这样明天她才能出门。为了保全自己的脸面，她连夜赶制好了假发，虽然假发的做工有些粗糙，但这已经让她足够欣慰了。

第二天，杨绛低着头走在路上，大部分人都对她心存善意，假装没有看出她戴了假发。只有少部分人看出她头发的异样，他们就在一旁起哄、辱骂杨绛，捣蛋的小孩子还要来揪掉她的假发。杨绛也不敢还击，她埋着头加快脚步，赶紧逃离人们的嘲笑声。

这是充满苦难和隐忍的生活，除非你选择毁灭，否则，你必须这样隐忍地活下去。杨绛每天都不断地鼓励自己，她要坚强地活下去，她不能轻生，她还有锺书，还有阿圆，他们要一起守护着这个家，他们要一起等待鸟语花香的季节。

第四节　浪漫的菜园

在特殊的岁月里，人们都为了生存而艰难地挣扎，只有不断地挣扎，才能获取生存的权利。有些人在挣扎中抛弃了一切，他们甚至变得麻木不仁，没有情感，没有思考，如同行尸走肉一般。这不是他们的过错，只是他们明白生命的意义。生命不只是为了生存，它要有美好的追求，生命正是因为这些美好的追求而变得有意义的。

在被停职监管后，杨绛一直安心地从事着她的清洁工作。虽然是清洁女厕所，但她还是拿出了做学问的认真劲头。她每天都提前赶到岗位，趁还没有人时，认真地将厕所打扫一遍。就这样，以前要捂着鼻子才能进去的厕所，在杨绛的打扫下开始变得干净整洁，再也没有了往日的异味。很多人用完厕所后，都要给杨绛一个微笑的眼神。

杨绛走在街上时，是没有人和她友好地打招呼的，反而很多人都会向她抛来恶意的歧视目光，甚至还有不懂事的孩子会向她抛杂物。但她在女厕所工作时，很多朋友、同事都放松了警惕，她们不必再伪装自己，她们可以友好地和她交流。这让杨绛感到非常温暖，感受到一丝人性的善意。

可就在杨绛刚刚适应了处境后，又要奔赴新的地方去接受改造。在一个阴沉的冬日，杨绛在学校门口等公交，她发现钱锺书穿过拥挤的人群向自己走来，他眉头紧皱，一看就是有满腹的心事。

杨绛看到钱锺书的神情，就知道又有不好的事情即将降临。果不其然，锺书到家后就告诉了杨绛一个沉重的消息，他不久后就要被下放到干校去改造。当时的“干校”，并不是干部学校的简称，它只是一个接收干部、知识分子劳动改造的农场，“干校”是对它的美称。

钱锺书告诉杨绛，组织上通知他下个月就要离开家前往干校。杨绛听到这个消息后，一下子就哽咽住了，她知道锺书要去的地方有多艰苦，很多去干校接受改造的人都一去就不复返了。本来，杨绛还打算在家里为钱锺书庆祝他的六十大寿，现在，连这个简单的愿望都泡汤了。

夫妻俩沉默了一阵，继而又无言地收拾起行李。他们饱经洗劫的家已近乎空无一物，钱锺书也没有太多的行李可收拾，夫妻俩忙碌一阵后，就将锺书的行李打包好。杨绛想提前为锺书庆祝他的六十岁生日，她去厨房煮了一碗长寿面，她只想静静地看着钱锺书吃下这碗面，那样，她沉重的心才能稍微舒缓些。

钱锺书在几天后就前往干校了，留下杨绛一个人支撑着风雨飘摇的家庭。杨绛在钱锺书走后，再也没有心情做事，她感觉整个人都被抽空了，也许，她的灵魂已经跟着丈夫远走了。

留在家里的生活不好过，杨绛不但没有丈夫的陪伴，她还要每日参加繁重的体力劳动。对于年迈体弱的杨绛来说，看不到未来、看不到希望的日子才是最难熬的。

就这样，杨绛与钱锺书再一次两地分隔，她看不到未来美好的前景，只能看到生活一步步走向深渊。幸好，还有阿圆和女婿在自己身边，他们经常来看望杨绛。女儿和女婿带来的不只是物质上的帮助，他们也给了杨绛精神上的慰藉。

乐观已经成了杨绛的习惯，她不得不这样做，否则，她就没法在这个世界上多活一刻。噩耗每天都在她身边徘徊，朋友、同事不断地从她身边蒙冤而逝，她无法不乐观地对待生活。

就在杨绛也要被遣往干校的前夕，女婿自杀的噩耗传到了她的耳边。

女婿王德一跟钱瑗是北京师范大学的同学，一个历史系，一个外语系，两系都在同一楼上课，久而久之，德一便对这个聪明可爱、善良美丽的女孩儿上了心。直至“文革”，两人确立了恋爱关系。王德一成为大学老师，和善忠厚，受学生喜爱。钱瑗伉俪本也能像父母那样相携相守，恩爱情深，但在清查“五一六”的时候，王德一被驻校“宣传队”宣布隔离审查，其主要“罪行”是“炮打林副统帅”。这种莫名的罪名从何而来已无从查证，但对他的批斗异常激烈，他实在扛不住，便上吊而亡。

杨绛去干校那天，女儿阿圆孑然一人来给她送行。阿圆满脸疲惫，没有说太多的话，她只让母亲照顾好自己。杨绛强忍住眼眶里的泪水和阿圆告别，她尽量不回头地登上了车。她在车上不断地向阿圆挥手，示意阿圆快回去。汽车启动后，缓缓地奔向目的地。她跟钱锺书已到垂暮，女儿已经成为他们的依靠和心灵寄托。然而杨绛看见阿圆孤零零地站在原地，身影越来越远、越来越小，一向懂事坚强的女儿此刻显得那么无助和脆弱。杨绛心里发酸，看着窗外倒退的风景，一时透不过气来。

她的宝贝女儿如今只能孤身一人留在北京了，还要承受丈夫自杀的痛苦，杨绛不敢再往下想，她只能祈祷女儿坚强地面对一切，勇敢地活下去。

来到干校，杨绛见到了分别多时的钱锺书。此时的钱锺书已是个又黑又瘦的老头，完全没有了往日儒雅的风采，眼神里也透着疲倦和无奈。两人见面后，也没有太多的时间寒暄，他们被分配在不同的农场，中间相隔数十里，钱锺书和杨绛简单地聊了两句后，就匆匆地赶回了农场。尽管杨绛心里还有无数的话想对钱锺书说，但也只能憋在肚子里。她想问问钱锺书这些日子里都遭受了什么苦难，以至于让他如此消瘦。在干校生活几天后，杨绛很快就明白了，因为，这里的生活实在太艰苦了。

在干校里接受改造的知识分子都被分配到破旧土屋里，有的屋子里甚至散发着腐臭的味道。杨绛还算幸运，她的屋子只是有些漏雨，并没有其他问题。但在夜晚时，老鼠会在屋子里窜来窜去，有时，老鼠还会跑到杨绛的床铺上。起初，杨绛还会被老鼠吓到，但习惯了这些小动物后，她就不再理会它们了。

因为年老体弱的关系，杨绛被分配到了菜园里去劳动。那里的工作虽然繁多，却并不是太劳累，每日里只需挑粪施肥、担水浇菜即可。为了方便菜园施肥，农场里组织人修了一个厕所，厕所里积攒的肥料可以方便地运往菜园。不过，厕所没多久就被周围的农民们拆光了。他们趁人不注意，今天拿个板子，明天卸条柱子，几天下来，厕所就只剩下孤零零的招牌摆在那里。

菜园里的菜成熟后，要及时收割，否则就会被路过的人连根拔掉。有时，甚至连围着菜园的栅栏都要被人偷走。杨绛无可奈何地面对着这一切，她不想去管菜园里的是非，她只盼望着钱锺书每天路过菜园的时刻。

钱锺书是他们农场的信使，他每日都要往返于邮政所和农场之间，而杨绛他们的农场正好位于邮政所和钱锺书的农场之间。所以，钱锺书每次都要多走些路，刻意路过杨绛看守的菜园。每天钱锺书路过这里的时刻，是杨绛最愉悦的时刻，她会暂时放下手中的事情，和他一同携手散步在田边。

二人在短暂的时间里倾诉着各自的心里话，他们经常互相安慰对方，鼓励对方乐观面对生活。有时，钱锺书时间紧迫，他就会把要说的话写在信上，等他经过菜园时，再亲手把信交给杨绛。

虽然夫妻俩每日团聚的时间不过十几分钟，但这足以让杨绛感到幸福了。她可以在这短暂的时间里紧握钱锺书的手，还可以说些夫妻间的甜言蜜语。杨绛后来在《干校六记》中，曾描述过这段苦中作乐的岁月，她这样评价过他们的约会："我们老夫妇就经常在菜园约会，远胜过旧小说、戏剧里后花园私相约会的情人了。"

菜园里和钱锺书的相会，就是杨绛眼中最浪漫的事情，它冲淡了沉重生活的苦涩，抚平了悲惨遭遇带来的创伤。每天夜晚，杨绛都在回味着白天她和丈夫在菜园里相会的场景。

丈夫乐观的态度感染了她，让她也变得开朗起来。杨绛有时甚至在想，也许不久后他们一家三口就可以重新团聚。

第七章 | **辗转希望**

当阳光照进生活

第一节　岁月辗转，终将团圆

第二节　迎接新生活

第三节　平静是最大的力量

第四节　《堂吉诃德》的勋章

第一节　岁月辗转，终将团圆

岁月是无情的，它让美人的脸上爬满了皱纹，它让智者的头上布满白发，但有很多事情，是连岁月也无法改变的。天地江河、日月星辰，它们可以暂时逃离岁月的控制，任时光荏苒也不会有丝毫改变。相对于日月星辰，人类在岁月面前，可能会显得无比脆弱，但人类崇高而深厚的情感会穿越岁月的年轮，超越生命的界限，成为岁月面前永恒的丰碑。

杨绛和钱锺书下乡改造数年，仍没有接到返回城里的通知。杨绛有时会感到很焦急，她想到自己和钱锺书都已年过六十，一旦他们患上重病，随时都有可能驾鹤西去。若是那样，女儿阿圆就只能彻底孤零零地活在世上了，每每念及此，她都不敢深想。

一天，钱锺书兴冲冲地来到菜园找杨绛，他告诉杨绛，北京那边有消息称，组织上要遣送一批老弱病残先行回京，而他的名字就在这批遣送名单里。看着钱锺书激动的样子，杨绛也很欣慰，钱锺书在干校里吃得很差，睡得也不好，回到北京对他来说是极好的。而且，若是钱锺书能回到北京，独自留在北京的阿圆也就有了家人的陪伴。

名单公布那天，钱锺书兴奋地挤在人群里寻找自己的名字，他找遍了名单也没发现“钱锺书”三个字。夫妻俩看过名单后，都感到无比的失落，本以为钱锺书会回到北京，没想到竟是这样的结局。杨绛不知道这名单背后发生了什么，她也没办法去改变什么，索性就随遇而安，不再想返城的事情了。

在农场经历几年的劳动改造后，夫妻俩被分配到了明港的干校。这里的条件比之前的农场好了许多，他们住的是玻璃窗、洋灰地的大瓦房，而且，杨绛和钱锺书住得极近，来往只需五六分钟。这里的伙食极好，每天都有肉可吃。夫妻俩吃过饭后，还可以到专门的阅览室去读书，那里窗明几净，钱锺书极其喜欢那样的环境。

在北京的阿圆也在源源不断地给他们寄报刊和书籍，里面还有一些外文书籍。干校的附近景色清幽，有不少可以流连的地方。二人黄昏时常常来到宿舍外面散步，这里景色幽美，又无人搅扰，远胜过二人在菜园时的约会地。杨绛和钱锺书就这样每日待在干校里，什么也不用干，组织上却又不准他们离开，实在是让他们心里暗自着急。

杨绛心里虽然着急，却没什么实际的办法，以他们的性格，也不能低声下气地去求管事的官员。终于，到了 1972 年，在周总理的亲自关怀下，钱锺书和杨绛优先回到了北京。除却周总理的关照，夫妻俩的年龄和身体，也是他们能够率先返京的重要原因。

几年的下放生活，对于一般人来说，可能是人生中最不能、最不想、最不敢回忆的事情。可是对于杨绛和钱锺书夫妇来说，这似乎只是人生中必经的一段短短旅程。这期间的苦难不是人生不能承受之重，只是生命中的一段坎坷，甚至从某些方面来说，这段坎坷之路还包括某些愉快的成分。因此，对于他俩来说，这段生活虽苦却不难熬，岁月在他俩面前仿佛停止了流动。

刚回到北京时，夫妻俩没有居住的地方，只能先来到阿圆的住所。阿圆在一所大学的寝室居住，她那里又脏又乱，很多东西都是随便摆放，没有一点女性该有的整洁。杨绛看到了这样凌乱的房间，忍不住笑了出来，阿圆活脱脱就像钱锺书的翻版，钱锺书也是这样不爱打扫卫生。阿圆小时候就和爸爸一起"反抗"爱打扫卫生的妈妈，他们将杨绛收拾好的毛巾弄得到处都是，杨绛叠得整齐的被子也被弄乱。

阿圆居住的寝室里摆放着一个双层的铁床，由于只有她一个人住，上铺就一直没人打扫。杨绛扫了一眼上铺，上面已经积了厚厚的一层灰尘。由此可见，屋子里已经很久没人打扫了。而且，阿圆画画的工具也随意地摆放在房间里，这使本来就凌乱的房间更加糟糕了。杨绛看着脏乱差的屋子，实在是哭笑不得，只能对着女儿竖起拇指，然后便动手收拾起来。

杨绛心里也有些不舒服，女儿在这样的房间里住了三年，三年来她都是孤身一人，没人陪她，没人和她说知心话，这样的滋味不好受。现在，总算一切都好起来了，阿圆不会再孤单了，他们一家三口又团聚在一起了，夫妇俩不用再担心阿圆，阿圆也不用再惦念父母了。

住在周围的邻居都十分热情，他们得知钱瑗的父母来了，都纷纷前来看望，并给他们带来了很多生活用品，这些东西虽然并不珍贵，却如雪中送炭一般，解决了他们在这里生活的基本问题。杨绛和锺书非常感激这些邻居，他们的善良和热情让夫妇俩看到了久违的人性善的一面，感到一阵阵温暖。

一家人住在有些狭小的屋子里，却感到非常幸福。因为，分离的一家人都饱受了磨难，他们饱受了人世间的冷暖和世态炎凉，如今的团聚，对于他们来说是莫大的幸福。杨绛后来曾在《我们仨》中记录了这段充满美好回忆的日子，她在书中写道："屋子虽然寒冷，我们感到的是温暖。"

北京的冬天还是有些寒冷，加之他们住的房间又在阴面，这就使房间里更加寒冷。还是阿圆的同事帮助了杨绛一家三口，这位同事将一处采光很好的房子让给了他们，那里虽然也不是很宽敞，但阳光却很好。

三人对搬迁到新居非常憧憬，熬过这些年头的风雨起落，总算生活要重新进入正轨了，他们将有一个幸福温馨的小家。最兴奋的要数钱锺书了，平素清理打扫都是杨绛的任务，这次他居然非常兴奋地揽过了这活儿，笨手笨脚地要去清理书柜。然而书柜上多年积尘，他没有章法乱地拂乱抹，惹起一屋灰尘。杨绛见状只道不好，连忙制止，但不幸的是，钱锺书的哮喘病还是发作了。

钱锺书的病也并非只因为一些灰尘，这些年来，他在乡下饱受严寒、潮湿的困扰，哮喘病已累积多年。但这次，钱锺书病得很严重。他已经不能平躺在床上，只能半靠在床头。每天夜晚是他最难熬的时刻，身体的不适让他无法正常呼吸，只能大口大口地吸气，有时，一直难以入睡的他还要在地上走来走去。

杨绛心里更是焦急，她在医院给钱锺书开的药都效果甚微，钱锺书的情况愈来愈严重，杨绛忙带钱锺书去医院诊断病情。当时的医院还很混乱，许多主治医生都还在乡下接受改造，幸好，给他看病的医生还是有些本领，及时诊断出了病情，而且还开出了有效的药方。钱锺书在医院接受治疗后，病情逐渐得到了好转，杨绛一直悬着的心终于放了下来。她当时甚至想到了钱锺书会比她先走一步，若是那样，她对今后的生活实在难以想象。

在钱锺书的病彻底痊愈后，夫妻俩搬进了学部的办公室居住。虽说是办公室，但夫妇二人的吃饭学习睡觉都在办公室里，这里也就成了他们的新家，晚上在办公桌上休息，日出醒来就将被褥收拾好，继续研究工作。这里的条件虽然简陋，但却方便钱锺书查阅资料，周围的邻居也都十分友善，他们经常会帮助年老的夫妇俩。

冬天，办公室里需要烧煤取暖，邻居们会帮杨绛把煤从楼下运到他们的房间里。平常邻居家做了好菜，也会端来一碗让夫妇俩尝尝鲜。这样和睦的邻里关系，让杨绛感到非常舒心，她觉得自己仿佛回到了幼时的无锡老家，那里的人们也是这样的热情善良。

钱锺书在搬进学部办公室后，终于能够安心地做他的学问了。在学部办公室的两年，他完成了《管锥编》的初稿。《管锥编》是他的一部笔记体巨著，里面凝结了钱锺书先生一生的心血，他在书里对中国的文学知识进行了全面的总结。这部作品，耗费了钱锺书巨大的精力。

钱锺书编著《管锥编》需要查证很多材料，这些材料的数目十分庞大。幸好，文学院的资料室离他们非常近，就在他们的对面。那里的藏书十分丰富，以前钱锺书就经常整日徘徊在那里。住在这个巨大的宝藏旁，让杨绛感到非常幸运，她也很久没有系统地做过自己的学问了，很多需要掌握的知识，也被无休止的苦难所冲淡了，她现在要重新学习，重新丰富自己干涸的心灵。

第二节 迎接新生活

黑暗的乌云不会一直笼罩生活，它迟早会被太阳的光芒所冲破。在光明来临之前，人们只需保持对生活的耐心，因为，光明终将照射进被黑暗笼罩的生活。

夫妻俩在办公室里的条件十分简陋，很多事情都需要亲力亲为，虽是如此，他们也没有丝毫抱怨。因为当时的办公室需要自己烧煤取暖，而煤炭没有充分燃烧，就存在着一氧化碳中毒的危险。若在白天的话，人们还可以闻到味道，警觉地采取应急措施；但若是在夜晚，睡梦中的人们常会在毫无知觉的情况下煤气中毒，甚至因此失去生命。

一次，杨绛夫妇居住的办公室排风口被堵住了，但夫妻俩都没有注意到。到了晚上，排不出的煤气就从烟囱里窜了回来。当时，杨绛在梦里闻到了煤气的味道，却怎么也无法挣扎起来。钱锺书在一旁反应强烈，一头就从床上栽倒在了地上，杨绛听到钱锺书栽倒的声音，心头一急，就从梦中醒了过来，赶忙把钱锺书扶起，又立刻跑去开窗通风。

二人都不敢再入睡，杨绛从床上拿来棉被，她和钱锺书围坐在棉被里。看着杨绛惊魂未定的样子，钱锺书居然笑了出来。原来，他早就闻到了煤气的味道，但当他想要起床开窗时，却又因煤气吸入过多，一头栽倒在床下。幸亏是钱锺书的栽倒，才惊醒了睡梦中的杨绛，否则，夫妇俩此时可能已经命丧黄泉了。钱锺书笑他们实在是太幸运了，是老天眷顾他们，让他们又逃过了一劫。

到后来，北京逐渐开始了集体供暖，煤气罐取代了蜂窝煤，他们夫妻再也不用烧煤取暖了，但杨绛每天睡觉前，还是要仔细检查一遍他们的煤气罐是否关严。

这么多年的磨难关卡，一家人都挺了过来，总算守得云开见月明。夫妇俩在办公室待了两年后，就迎来了彻底光明的新生活。此时大部分知识分子都从乡下返回了北京，他们的平反工作也逐渐开展起来，知识分子又渐渐地恢复了往日的地位。杨绛和钱锺书分到了新的住处，那是位于三里河的一处高档宿舍，居住条件十分优渥。杨绛特意选定了搬家的日期，他们一家在一个阳光明媚的日子搬进了新房。

这次，钱锺书没有被要求做任何工作，他被严格地看管了起来，全家人都怕他发生意外，还特意找了一辆专车将他送到新家。对于这样的待遇，钱锺书也是非常满足，他知道自己年老多病，不想再为妻子和女儿添麻烦了。

杨绛和钱锺书看到他们的新家后，都有些目瞪口呆了，这所房子比他们以前想象的还要好。房子是四室一厅，宽敞又明亮，足够他们一家三口住了。这所房子，原本就是预备给干部的房间，因此装修布局都很精致。但夫妻俩还是有些困惑，这样的房子怎么会分到他们的身上呢？

杨绛分到这所房子时已经很突然，但又有人直接来到了她的办公室，将一串钥匙交给了她，说为他们预备了专车。杨绛和钱锺书费力地猜想着是谁办了这样的好事，他们把周围的朋友筛选了个遍，最终找出了一些头绪。

他们觉得应该是胡乔木办的这件事。当时他是毛主席的秘书，他曾经还推荐过钱锺书去担任《毛泽东选集》英译本的负责人，让他来主持翻译《毛泽东选集》的工作。

很多人都羡慕钱锺书的工作，他能够主持翻译毛主席作品的工作，是一份相当难得的荣耀。可钱锺书却并不是这样想的，他没有感到那么幸运，他甚至感到了恐慌。虽然，翻译作品的工作并不难，钱锺书可以保质保量地迅速完成别人要做好久的工作。但他生怕自己工作中会出现一些纰漏，因此，每天工作时他都殚精竭虑。

在 1950 年到 1956 年间，钱锺书花费了大量的时间来进行翻译工作，在他的不懈努力下，翻译工作终于圆满完成了。这是一项了不起的工程，钱锺书的翻译充分忠实了原著，同时又很有英文的韵味。但作为这项工作的主要负责人，钱锺书并没有得到太多的奖励，他在 1956 年就被打成了右派，接下去的几年，他也一直在不断地被改造和被批判中度过。

而现在，特殊的岁月终于远去，胡乔木帮他解决的这套房子，也算是当年钱锺书努力工作的劳动成果吧。杨绛清楚地记得，当夫妇俩在办公室居住时，胡乔木曾来看望过钱锺书，给钱锺书送来了治哮喘的药。当时，胡乔木看见他们的屋子空间狭小，就问他们房子是否够住。杨绛以为他只是随口一问，没想到他很快就解决了这个问题。

杨绛和钱锺书被胡乔木的深情厚谊打动了，他们没机会说太多感谢的话，唯有把这份感激之情牢记在心上。这就是真正的朋友，不会说太多虚情假意的话，但只要有能力帮忙，就会义不容辞地去帮助朋友。

两人都年迈体弱，已无年轻时的精力和热情来装饰新居。新居简洁素净，因为是四室一厅，所以房子十分宽敞，夫妻俩念叨着能有一个房间做书房了，心里分外欣喜。聚聚散散，苦难流离，这些年各种运动和整治的耽搁，让他们错失了许多好书，耽误了许多想做的事，现在终于熬到头了，两人都迫切地想要弥补回来。书房渐渐被堆积如山的书籍占满了，渐渐地，甚至占满了整个客厅。

杨绛和钱锺书都是知识分子，他们的收入并不丰厚，但夫妇俩对生活的要求也很简单，他们从不会去追求饮食、穿着上的优渥。但对于书籍，他们却是从不吝啬，只要是他们感兴趣的图书，他们都要拿来读一读，若是值得一看，他们就会买回家里细细品读。杨绛常常戏称钱锺书为“书痴”，这是形容他看到感兴趣的书籍时的样子。

实际上杨绛也不例外，她也同钱锺书一样酷爱读书。她常常想尽一切办法去买外文书籍，每当一本她心仪的书到手时，她都会如获至宝般抚摸书籍的封面。那种如饥似渴的眼神，几乎和钱锺书一模一样。

夫妇俩还保留着以前那样读书的习惯。他们在书房里放了两张书桌，钱锺书用大的，杨绛用小的。杨绛曾半开玩笑地说，钱锺书学问大、名气响，所以他要用大书桌才行。实际上，杨绛的名气并不低于丈夫，只是钱锺书的东西要多些，所以要用大书桌才行。

钱锺书每天都要收到来自全国各地读者的来信，这些读者都是久仰钱锺书的大名，写信表达自己的仰慕之情，也有的读者会向钱锺书请教一些学术问题。钱锺书每天都要面对数量庞大的信件，每一封信他都要读一遍，还要尽量礼貌地回答对方的来信。钱锺书也想对这些来信置之不理，他还有许多重要的工作要做，但他狠不下心来，读者对他的厚爱让他无法不去读信。

虽然钱锺书和杨绛是如此谦虚地对待周围的人和事，但还是有人会误会他们，说他们清高、孤芳自赏、不接地气。对于这些无稽之谈，夫妇俩都是嗤之以鼻的，首先他们一直谦虚低调，其次他们也不在乎外人的误解。名气大的人总是容易招人闲话，杨绛夫妇也是这样。一次，一位名气很大的人去钱锺书家拜年，对方刚说了句“新年好”，开门的钱锺书就隔了门缝回了句：“谢谢，我们很忙，谢谢。”

不是钱锺书不讲礼貌，是他的确很忙，他手上有很多重要的课题要完成，他没有时间去和人寒暄、闲聊。一些没有必要参加的会议，夫妇俩都尽量不去参加，他们没有时间去浪费。但来拜访的客人不知道钱锺书的脾气，他以为是钱锺书瞧不起人。于是，被拒绝的客人就会和别人说钱锺书架子大、瞧不起人。

对于这些言论，钱锺书也很无奈，他的确不善于处理这些棘手的人际交往问题，他的很多事情，都要靠杨绛替他解决。杨绛知道钱锺书的性格，在她眼中钱锺书永远是一个长不大的孩子，对于人情世故一直是一窍不通。于是，她就要像一棵大树一样，用她宽广的树冠为钱锺书和阿圆遮风挡雨。

杨绛家里曾养过一只猫，钱锺书非常喜欢它，经常要把它抱在怀里抚摸。一次，他家的猫和邻居家的猫撕咬起来，看到这一幕的钱锺书立马找了一根棍子要参战，他要给自己的猫去助威。杨绛看到天真的钱锺书要去给猫助威，立马把他拉了回来。她告诉锺书，这只猫是邻居家的“掌上明珠”，邻居家十分珍爱这只猫。更何况“打狗也要看主人”，怎么能拿起棍子去打邻居家的猫呢。钱锺书这才明白了自己的莽撞，若不是杨绛提醒，恐怕就要得罪邻居家了。

杨绛甘愿一直照顾着钱锺书，她知道钱锺书离不开他。杨绛为人沉稳细致，办事周到，多亏了她不辞辛劳地做连接钱锺书和外界的桥梁，才使得钱锺书避免了很多麻烦。这么多年来的辛勤劳作，杨绛从来没有抱怨过什么，她觉得爱一个人就应该这样无私地付出，更何况她的爱人也是如此深情地爱着她。对于人生，杨绛一直没有太多的奢求，她和钱锺书能够平静地相爱相伴，这便是杨绛最大的心愿。

第三节　平静是最大的力量

能够以一颗静如止水的心去对待生活，是很多人都做不到的事情。生活中总是充满了波折，或喜或悲的意外让人无法冷静地对待自己的处境，而就是在这些波折中，人们丧失了生活最本真的乐趣，继而走向了对浮华、空洞无止境的追求。殊不知，平静地去生活才能找到生活最本真的乐趣。

杨绛和钱锺书也不是生来就是静敛温和之人，他们年轻时也喜欢四处闯荡，喜欢追逐刺激、新鲜的日子，但当他们饱受岁月的洗礼，历尽人世间的冷暖之后，才逐渐领悟到，平静的生活才是人生的真谛。

所谓平静即是有一份随遇而安的智慧和一种乐天知足的心态。他们在历次改造运动中都受到了牵连，成为打击的对象。然而人生本就是磨难多于平顺，同一时代下，大多数人都面对着同样的生活际遇，但是，不同的人却品出了截然不同的各种滋味。同样的遭遇，不同的人幸福感为何相差甚远呢？其实能否从苦寒中炼出甘甜就在于能否自我疏导和解救。

杨绛曾说："明知这扇门牢牢锁着呢，推它、撞它也是徒然。"是啊，要想自己身轻如燕，就要明白四时天地转瞬即变，更何况人事际遇，许多事凭一已之力改变不得，何不保存真挚，沿路而行，反而另有一番风景。

如今，那些无休止的劫难都已结束，摆在他们面前的就是平静的生活。夫妇俩都上了年纪，平常也很少出门了，他们大部分的时间都用来在家读书。钱锺书研究他的学问，杨绛要照顾钱锺书，偶尔也会写些散文，或是练习毛笔字。

钱锺书要教授杨绛写毛笔字，他每日都要给杨绛布置作业，而且杨绛必须要在规定的时间内完成。杨绛写好后，钱锺书会认真地检查她的作业，哪里有问题，哪里写得好，他都要一一标出。就像当年杨绛给锺书审阅《围城》那样，钱锺书仔细地批改着杨绛的作业，杨绛也虔诚地听取着他的意见。若是钱锺书的评价很好，杨绛就会高兴很久；钱锺书若是指出了很多问题，杨绛虽然会有些失落，但也会认真地将这些问题改正。

夫妻俩亦师亦友的关系让人羡慕，他们能够放下夫妻间的亲昵，又充分尊重对方，这是很多夫妻都做不到的。也许，是他们的性格太过互补，爱好又非常一致，所以没有什么可以造成矛盾的诱因。

夫妻俩又都生性低调，不喜欢争名逐利，这样，外界的浮华躁动也不能影响他们之间的关系。最重要的是，钱锺书和杨绛的爱早已刻骨铭心，他们一起经历了怦然心动、初为父母、同甘共苦……生活的磨难让他们的心紧紧地贴在了一起，就算是沧海桑田也无法让它有一丝破裂。

已经年近七十的夫妇俩，早已没有了年轻时四处冒险的冲劲。他们每天晚上，也会来到楼下散步，走不了多久，两人就会觉得很累，他们互相搀扶着对方，生怕对方摔倒。

夕阳下一对互相搀扶的老夫妇，从远处看来那么的不起眼，他们的背已经有些佝偻，头上也满是白发，但夫妇俩的脸上总是洋溢着幸福的笑容，他们很享受当下的生活。

钱锺书的身体一直不是很好，在乡下改造时，他脆弱的身体饱受摧残。杨绛一直很担心钱锺书的身体状况，她总是要劝锺书少看些书，少写些字。但钱锺书实在是不能够放下手上的工作，他要抓紧一切时间去完成很多未竟的事业。

杨绛知道钱锺书的心思，她也不再阻拦钱锺书，转而要求他每天早晨要去锻炼身体。她见邻居们都在练习气功，听说气功有强身健体的作用，就让钱锺书去学。但钱锺书坚持了几日就放弃了，他推脱身体不适，不能练气功，其实，他是怕浪费时间，耽误了工作。杨绛没有办法，也不再勉强，只能更加细心地照顾钱锺书的生活起居。

人老之后都希望膝下有儿女相伴，简居生活有时还是会略显孤独，因为他们都十分想念钱瑗。让父母深以为傲的钱瑗传承了他们优秀的基因，也成了一名知识分子。自 1978 年考取了英国留学奖学金后就一直留学在外。求学虽好，但是对她的挂念成为二人心头的一块心病。

女儿的经历，让杨绛想起了当初她和钱锺书留学欧洲的往事，那时的她，也是远离自己的家庭，和钱锺书远赴英国。自己的母亲，必定也是这样焦急地想念她的。等杨绛回到中国时，母亲已经不在人世，这是杨绛一生的遗憾。如今，她成了那个在家守候的母亲，她的女儿和她远隔重洋。光阴的流逝让杨绛有种恍然若梦的感觉，杨绛发现，自己真的老了。

钱瑗在留学几年之后回到了北京，她仍在北京师范大学任教。但因为工作的需要，经常要出国考察、开会。每次阿圆出国，杨绛总要担心她的安全，直到阿圆回到家，她那颗悬着的心才能放下来。阿圆总是劝母亲不用担心，她会照顾好自己的。但这样的劝说根本是无济于事的，因为，此时杨绛的心里只有钱锺书和阿圆，她把她的全部精力都放在了他们父女身上。

有时候，杨绛也会劝自己不用太担心女儿，毕竟女儿早已长大成人了，她早就学会如何照顾好自己了。但杨绛心里总是觉得自己亏欠了阿圆，在女婿自杀后，她没能陪伴在女儿身边。那是阿圆最艰难的日子，也是她最需要人陪伴的日子，那段缺席的时光，是杨绛一直牢记在心的愧疚。阿圆很少和父母提及那段日子她是怎样过来的，但杨绛知道，那必定是一段暗无天日、无依无靠的岁月。

从干校回来不久，杨绛就开始整理她在干校期间创作的作品。其中包括了小说、散文、诗歌等很多内容。其中关于她在干校这段日子的真实记录，被她汇总整理出来，她仿照《浮生六记》的名字，将这段故事命名为《干校六记》。

《干校六记》从杨绛和钱锺书被派遣到干校开始记起，一直到二人返回北京结束，故事一共分为六章，它们分别是“下放别记”“凿井记劳”“学圃记闲”“‘小趋’记情”“冒险记幸”“误传记妄”。艰辛苦难都变作了字句间的天高云淡、气定神闲，一别常见的关于“文革”记忆的沉重与伤痛，带给读者一份轻松阅读的心情。

从杨绛别出心裁的题目就可以看出，《干校六记》里面记录了她在这段日子里的辛酸苦辣。所谓的“幸”应该也只是苦中作乐，因为，在干校的大部分时间里，杨绛都在承受着各式各样的苦难。

苦难堆积多了，杨绛甚至能够用调侃的态度去面对它们。她在《干校六记》中并没有苦大仇深地去控诉什么，而是用质朴、温柔还有一丝诙谐的语调去倾诉着自己的经历和见闻。让人们读起来不会觉得如鲠在喉，也不会一笑了之，那质朴的文字会慢慢地渗透到读者的心灵，让人对文字所承载的情感久久不能忘怀。

卢翎曾评价杨绛说：“杨绛的散文平淡、从容而又意味无穷。可谓‘不着一字，尽得风流’。”

杨绛的《干校六记》在社会上引起了极大的反响，文章中真实而又感人的故事，引起了经历过那个时代的人的共同记忆，他们从书中看到了自己的影子，也找到了自己曾经经历过的苦难。

《干校六记》在 1989 年 2 月荣获“新时期全国优秀散文奖”，并在二十四部获奖作品中位列第一。这对常人来说可能是一份莫大的荣誉，但杨绛对此看得非常淡，她说中国历史上的状元，大都不是优秀的文学家。杨绛写《干校六记》的初衷，也只是为了记录那段荒唐而可怕的岁月，那段岁月里，承载了太多人的泪水和苦难。

在《干校六记》受到热捧之后，杨绛还写了许多同类型的散文，大多数都是回忆她以前经历的人和事，如《回忆我的父亲》《回忆我的姑母》，还有《纪念温德先生》《纪念石华父》等。这些作品都秉承了杨绛一贯的风格，朴实而情深，诙谐又温软。这些回忆性文章承载了杨绛对逝去的亲人、友人的思念，杨绛在讲述故事的同时，也在默默地治愈着自己内心的伤痛，这些朴实的文字，就是她抚平心中创伤的最好良药。

第四节 《堂吉诃德》的勋章

杨绛从来都没想过要做什么学问，她学习、读书都是遵循着自己的爱好，包括她后来的创作，也一直是她喜欢又擅长的风格。

她在读中学时，就喜欢阅读外国作品，欧洲、美洲的小说都是她热衷的类型。中学时的阅读经历，在某种程度上深刻地影响了她后来的人生选择。她在大学时没法选择文学系，却在私下里更加努力地阅读文学作品。直到后来，她考取了清华大学外文系的研究生。

在清华大学读书时，杨绛就开始了她的翻译生涯。那时她刚和钱锺书确立了恋爱关系。一次，叶公超请她和锺书到家里吃饭，饭后，叶公超有意要考察一下钱锺书这位未婚妻的水平，他随手拿过一本英文刊物，让她翻译一篇名为《共产主义是不可避免的吗？》的政论文。

杨绛看出了叶公超的心思，她知道自己不能示弱，便爽快地答应了叶公超的要求。她之前并没有从事过专门的翻译工作，而且，对这篇文章涉及的政治常识她也是一知半解。但既然答应了人家，杨绛就只好咬紧牙关，放下一切事情专门完成这份“考试”。

在历经了几个昼夜的煎熬后，杨绛终于将这篇政论文翻译了出来。但杨绛很不满意自己的翻译成果，她觉得自己翻译得晦涩难懂，完全没有把握原文的精髓。但她已经尽自己最大努力了，只好硬着头皮把稿子交给叶公超。出乎杨绛意料的是，叶公超对杨绛翻译的稿子夸赞不已，还要把它拿到《新月》杂志去发表。

这令本来忐忑不安的杨绛放下心来，她没想到自己的翻译水平，还能得到叶公超的赞赏。也就是在此时，杨绛心里开始有了翻译外国作品的打算。

起初，杨绛先从一些简单的散文入手，她翻译了很多外国名家的散文，这些翻译作品既保留原著的味道，又带有中文的韵味，可谓是翻译作品中的佳作。慢慢地，随着杨绛翻译水平的提高，她开始尝试一些比较难的外文小说。刚翻译小说时，杨绛的准备工作做得不够好，她不能完整地了解小说的时代背景、历史文化内涵，这就导致她对小说原意的误解。这种误解对翻译工作者来说，是致命的硬伤。

找到自己的不足之后，杨绛开始慢慢地走上了翻译工作的正轨。在翻译了几部小说之后，杨绛对西班牙文学产生了巨大的兴趣，这种兴趣源于她翻译《小赖子》。在翻译这部作品时，杨绛系统地了解了西班牙文学的概况，也对西班牙这个国家和它的民族有了细致的了解。在逐渐了解的过程中，她对这个神秘的异域国度产生了浓厚的兴趣。

文艺复兴时期，西班牙最伟大的小说作品当属《堂吉诃德》。这部作品也受到了我国学术界的重视，它被外国名著编委会列为翻译项目。编委会的负责人林默涵之前曾看过杨绛翻译的作品，他觉得杨绛的风格非常适合去翻译《堂吉诃德》，便决定让杨绛放手去翻译这部巨作。

起初，杨绛接到这项庞大的工作时，还非常的兴奋，这是她期盼已久的工作。但随着翻译工作的逐渐展开，她开始了解到了这项工作的复杂性。《堂吉诃德》在中国流行的版本很多，各个版本都有自己的优势，这需要杨绛自己动手去对版本进行取舍。

杨绛将各个版本进行了一番详细的比较后，觉得它们各有千秋，不太好舍弃。她索性就先放弃了版本的问题，开始将精力转向学习西班牙文。西班牙文杨绛之前也接触了不少，加之她通晓多国语言，因此，学起西班牙文来并不是很费劲。两年之后，杨绛的西班牙文水平已经足以翻译《堂吉诃德》了。

在 1961 年，杨绛正式开始翻译《堂吉诃德》。经过两年来的西班牙文学习，杨绛对《堂吉诃德》的版本问题也有了自己深入的了解，她最终决定采用西班牙皇家学院院士马林编著的最权威的版本。

选择好了版本，翻译工作也就算是跨出了第一步，杨绛对整个《堂吉诃德》的故事已经有了深入而细致的了解，她把整个故事的大纲进行提炼，对每个章节的翻译工作都做了精细的规划。

杨绛很具有做翻译家的天赋，她能够在顾全大局的情况下又照顾到细枝末节的问题，这是很多翻译工作者不能做到的事情。杨绛的翻译工作进行得很快，在不到几年的时间里，她就将《堂吉诃德》的翻译工作大体完成。但当时的局势已经非常混乱，委托杨绛翻译《堂吉诃德》的林默涵已经被打倒，杨绛翻译好的稿子甚至不知道交到哪里。

杨绛只好将手稿装在牛皮纸袋子里，放在书柜的最顶层。但当时杨绛家中并不安全，随时都有人破门而入来搜查“黑材料”，他们肆意地翻弄着家里的每一个角落，只要是带着字的纸张都会被销毁。杨绛可以抛弃家里的藏书和其他手稿，但《堂吉诃德》的译稿是她无论如何都不能舍弃的。

她想过很多办法，甚至想过将稿件埋到地底下，但这些办法又都被她自己推翻了。她想来想去，最后决定将稿件交给办公室的人保管。她把稿件装在结实的牛皮纸袋子里，紧紧地抱在自己怀里。坐在公交车上时，周围的人都用异样的眼神看着杨绛，这也难怪，她厚厚的稿件将牛皮纸袋子撑得鼓鼓的，她紧紧地抱在怀里，肯定要引起别人异样的目光。

来到了办公室，杨绛向她以前交好的秘书表明了来意，杨绛没有意识到，在那个动荡的年代，人们都是只求自保的，没人会轻易地帮助他人。办公室秘书的态度让杨绛明白了她不肯帮这个忙，杨绛有些失落，但其实这也是人之常情，这个“黑稿件”就像定时炸弹一般，早晚都会牵连到别人。

没人肯施以援手，她焦急万分，想到还有一位通信员，以前与她相交不错。没想到的是，此人如今已爬到高位，当他看到杨绛的稿件，毫不留情地将其没收，指斥那是“黑稿件”。她错愕得一时反应不过来，心里像是生生被剜了肉，只得恳求那人能好好保管她的心血。

领导自然不会表态，他向杨绛挥手示意她赶紧离开，杨绛望着那包厚厚的手稿久久不肯离开，那是她最珍视的作品，这样与它分别，是她万万没想到的事情。

后来，杨绛又历经了多次的思想教育，组织上要求她去掉自己脑中的“落后思想”，杨绛一直努力地改正自己的思想，她多次向组织上请求，希望能把稿件还给她，让她对照稿件来清除自己的“落后思想”，但组织上没有理会她的请求，他们的回复是，被没收的稿件太多了，找不到杨绛的稿件。

杨绛对于这样的答复自然不会甘心，她借着自己工作的便利，四处搜寻稿件的踪影。她经常借着打扫卫生的名义，进入各个储藏室去搜寻她的稿件。功夫不负有心人，终于有一次，她在一个偏僻的储藏室里找到了她的稿件。稿件被丢弃在储藏室的废纸堆里，上面落了一层灰，恐怕不知道哪天就要被扔到垃圾堆里。

杨绛看到她的稿件，如获至宝一般，她把稿件紧紧地抱在怀里，生怕它再从自己的身边溜走。她决定把稿件从这里带走，否则，她就真的与它永远分离了。她趁看守储藏室的人不注意，悄悄地将稿件带出了房间。她把稿件藏到了怀里，她想先把它放在女厕所，然后再趁机把它运出去。

她逃过了看守，却被旁人发现，被大声喝住。看守的老人心虽不忍，但还是扣留下来，告诉她，到时机成熟时，稿件自然会返还。她小心翼翼把它藏在储藏室的隐蔽之处，才不甘地走了。

杨绛虽然没有将稿件带走，但她知道了稿件的下落，也就不再那么焦急了，她的心里有了盼头。她知道，稿件终将会回到她的手里，那凝结了她血与泪的稿件，必定会实现它本身的价值。

第八章 | 伤逝暮年

命运刻下一道重伤

第一节　岁月无情，老病催人

第二节　只有死别，不再生离

第三节　我们仨

第四节　人生边上的智慧

第一节　岁月无情，老病催人

人从出生之日起，就一直不停歇地向死亡的深渊迈去，尽管这步伐很慢，很慢，但终有一天，人会走到这个无底的深渊面前。此时的人，已经没有了往日面对死亡的惶恐，他们的身上多了几许对生命的坦然和淡定，因为，谁也没法越过这条深渊，这就是人类悲剧的宿命。

杨绛到了看见岁月尽头的年龄，已经看淡了死亡带来的恐惧，她只想在死亡来临前，将她的作品发表出来。命运没有辜负杨绛的等待，随着当时局势发生的巨大变化，杨绛的《堂吉诃德》译稿的命运也是一波三折。先是《堂吉诃德》的手稿被还到了杨绛的手中，紧接着，《堂吉诃德》在 1978 年被人民文学出版社出版。它的出版填补了我国西班牙文翻译出版的空白，同时，也受到了西班牙方面的高度肯定。

《堂吉诃德》的出版为杨绛带来了无上的荣耀，她为中国和西班牙的友好交流做出了突出的贡献，为此，西班牙驻华大使馆多次邀请她赴西班牙访问。前几次，杨绛都礼貌地回绝了对方。到了第三次，杨绛实在不好意思再回绝西班牙大使，便答应了去西班牙进行访问。

1986 年，杨绛收到了西班牙国王亲自颁发的“智慧国王阿方索十世十字勋章”。这样耀眼的荣誉，让钱锺书也不禁“嫉妒”起来。

杨绛倒是对这些荣誉看得很淡，她知道这些荣誉都是过眼云烟，只有她翻译的作品才能长存于世。

岁月无声地从杨绛身旁划过，不知不觉中，杨绛和钱锺书已经成了年过八旬的老人，他们的头上早已布满了白发。年轻时，杨绛体弱多病，还经常要去医院打针吃药。到了现在，倒是杨绛开始要照顾钱锺书了。钱锺书的身体经常出现问题，他时不时地就会感冒发烧，久而久之，杨绛甚至学会了给钱锺书打针，这正是所谓的久病成医。

在 1994 年，钱锺书因身体不适住进了医院，被检查出患了膀胱癌。对于一位上了年纪的老人来说，这是一场非常残酷的折磨。他不仅要忍受病痛的折磨，还要承受手术带来的风险。

医生在对钱锺书进行手术时，发现了他的左肾萎缩坏死，就把它一并切除掉了。这是一场漫长的手术，手术结束之后，已经在手术室外等待了数个小时的杨绛总算松了一口气。由于担心钱锺书脆弱的身体不能承受手术带来的巨大痛苦，她的心中始终悬着一块大石头，看到钱锺书安全地被推出手术室，她悬着的心才总算放了下来。

钱锺书手术后，需要很长的时间才能恢复，他的身体本来就很虚弱，这场大手术更是让他的身体雪上加霜。杨绛非常担心，在他手术后，杨绛就一直陪伴在钱锺书的身边。

五十多天的时间里，杨绛寸步不离地照顾着钱锺书。此时的杨绛也已经是一位八十多岁的老人了，她还要每天照顾躺在病床上的丈夫。医生看见她疲倦的样子，都劝她赶紧回家休息，不要把自己的身子也搞垮。可杨绛舍不得离开，她知道丈夫需要她，看不见她的身影，丈夫的病就不能痊愈。

此时的杨绛早已把医院当成了她的家，因为那里有她挚爱的人。她在医院里日夜操劳着，渐渐地，她也变得憔悴起来。

钱锺书躺在病床上也是无法安眠，他心疼自己憔悴的妻子。他竭力想把杨绛劝回家，但他的话似乎一点用处都没有，杨绛根本就不理会他的建议。一旦钱锺书说得多了，杨绛就不再理会他，无奈，钱锺书也就不好再说什么了。

阿圆也十分心疼自己的母亲，她隔一段时间就要来医院看望，她想为母亲减轻点负担，尽量做些力所能及的事情。父亲的身体状况也让阿圆非常担心，她怕父亲会就此一病不起。她每次来到医院时，就要给父母讲她身边的趣事，竭尽所能地让父母开心起来。

几十天过后，医生同意钱锺书出院了。钱锺书在医院住了几十天，杨绛也陪着辛苦了几十天，原本就瘦弱的她，在此刻更显得弱不禁风了。钱锺书和杨绛互相搀扶着走出了医院，回到了自己的家，面对家中熟悉的一切，他们都有着一种饱经风霜的宁静之感。在家的时候，无疑是温暖舒适的，但是钱锺书出院之后，身体状况一直不好，他的病情反反复复地发作，不久便再次住进了医院。

杨绛心里明白，钱锺书这次住进医院，情况更糟了。钱锺书年老体弱，禁不起这样一次又一次的折腾了，他的身体早已被多年来的磨难掏空了。她不敢接着想下去，那可怕的结局是她不敢触碰的界限。她只能向上天祈祷，希望上天能多赐予他一些时间，让他们彼此陪伴，细细品味这最后的温暖。

医院的检查结果非常糟糕，病患遍布着钱锺书的全身，他的肾功能也出现了衰竭，只能靠血液透析来维持生命。钱锺书开始慢慢地虚弱起来，起初他还可以正常地和杨绛交流，到了后来，他已经只能发出微弱的声音了。杨绛怕这样下去钱锺书会很快地离开她，就每天不断地和他讲话，同他交流，不断唤醒沉睡的丈夫。钱锺书也渴望和杨绛交流，虽然他不能说话，但他还能听懂杨绛说的话。

杨绛是一个坚强的女人，无数的痛苦磨难让她练就了坚韧的性格。但此刻，她已经快支撑不住了。白天时，她强打着精神去照顾钱锺书；到了夜晚，她就开始了胡思乱想。她想起以前和锺书在法国留学时的情境，那时，他们一家三口徜徉在时尚之都巴黎，她和丈夫正处在新婚的甜蜜期，他们的生活无比的开心幸福。

可现在，钱锺书已经虚弱地躺在了病床上，每天都要承受着巨大的痛苦。杨绛想放声痛哭，但又怕吵醒好不容易才入睡的钱锺书，于是只能趴在床头哽咽一阵，然后悄悄地将眼里的泪水抹干。

看到钱锺书的身体每况愈下，杨绛的心也不禁焦急起来，她想尽一切办法来为他补身体。此时，钱锺书已不能正常进食，只能用鼻饲的方式摄取营养。杨绛在家里熬了鸡汤，她把鸡汤里的杂质滤除，再把鸡汤混在营养液中。她的细心，让医院的医生也不禁为之折服。

杨绛悉心地照顾着钱锺书，而她对待自己则是马马虎虎。为了照顾锺书，她很少规律地吃饭，晚上，也不能睡得太沉，要随时注意着锺书的身体。

钱锺书这次住院，一直持续了四年多，这四年来，杨绛一直守候在他身边。她不放心别人来照顾他，女儿阿圆又有自己的工作要忙，这个重担只能放在她的肩上。

阿圆也挂念她的父亲，尽管她的工作已经忙得不可开交，她也要每周抽两天时间来看望父亲。每次阿圆都是匆忙地赶到医院，为父亲做力所能及的事情，她会给父亲讲学校里的故事，因为她知道这些都是父亲关心的事情。

阿圆不能在医院待太久，学校里还有很多事情在等待着她。那时，阿圆已经是北京师范大学外语系的博士生导师，同时，她还是英国《语言与文学》编委，全国高校外语专业指导委员会和北京师范大学学术委员、学位委员会委员。身兼数职的她每天都要忙碌到很晚，在深夜时，她还要备课，还要给学生批改论文。

阿圆每次要离开医院时，钱锺书总会用不舍的眼神盯着阿圆，那眼神里充满了一位老人的乞求和渴望。阿圆也不忍心离开父亲，她会再坐下来陪父亲一会儿。钱锺书也知道女儿工作很忙，阿圆又待了几分钟后，钱锺书会把头转到一边去，他是在示意阿圆可以离开了。

这些细节都被一旁的杨绛看在眼里，她能够感受到钱锺书的心情。他的心里只有杨绛和钱瑗，他知道自己剩下的时间已经不多了，他想在这段时间里再多看看他最爱的亲人们。杨绛可以每天陪在他的身边，但女儿却不能始终陪伴在他身边，他的心里还惦念着阿圆。

杨绛只能在阿圆走后，慢慢地劝导钱锺书，她轻轻握住他的手，用自己的体温温暖他有些冰凉的手掌。钱锺书会对杨绛笑，看到妻子始终陪伴在他身边，他也就舒心了。爱情最好的告白，便是朝朝暮暮不离不弃的陪伴。

第二节　只有死别，不再生离

“十年生死两茫茫，不思量，自难忘。千里孤坟，无处话凄凉。”别离的痛苦已经让世人无法忍受，但别离时还有再相聚的期盼。但生命若是远去，便是永世无法相见的别离，那是永远无法逾越的生与死的距离。苏轼曾用“千里孤坟，无处话凄凉”来形容这种痛苦，这是一种愁断肠、泪流干的无尽凄凉。

杨绛每日在医院守候着钱锺书时，都会有意无意间想到生与死的问题。对于死亡，她能够冷静地对待，可一旦死亡施加在自己的亲人身上，她就会感觉到一阵阵的恐惧。钱锺书的病况让杨绛每日都胡思乱想，但她没有想到，她身边的另一位亲人也将跨入死亡的大门。

在杨绛忙着每日在医院照顾钱锺书时，女儿阿圆的身体也垮了下来，阿圆的病和她每日劳累有着密切关系。阿圆和父母一样，也是一位潜心学术、埋头苦干的学者。她继承了父母的聪颖，自己又踏实肯干，因此她在工作上表现得极其优秀。

阿圆是学校里教学和科研的标兵，很多工作都需要她来扛起重担。

学校里的老师不够，她就主动承担更多的课时，有时，她甚至要上整整一天的课。阿圆对待工作又极其认真，她每次备课都要持续到深夜，直到没有任何疏漏，才肯安心休息。她住的地方离学校有些远，所以第二天一大早，她又要坐车赶往学校。这样的工作状态持续了很久，她的身体慢慢地虚弱下来了。

有一段时间，阿圆开始感到身体不舒服。她先是咳嗽不止，但她没有放在心上，以为只是普通的感冒。紧接着，她开始感到腰痛。但这些症状都没有引起她的注意，家人劝她去医院检查，她也没有放在心上。为了节省时间，她没有去大医院检查，只是在校医院开了些止痛的药。

可到了后来，她腰痛得越来越严重，连大剂量的止痛药也不能止住她的腰痛。她不能弯腰，也不能蹲在地上，但就是这样，她也没有去医院，更没有将病情告诉给杨绛。她怕告诉给母亲后，母亲无力承受他们父女双双患病的事实。但钱瑗的腰痛已经达到了很严重的程度，就连杨绛也发现了她身体的异样，她和母亲谎称，自己腰疼是因为挤公交车闪到了腰。

钱瑗不能让自己歇下来，她手上还有许多工作要完成。她忍着病痛，参加了当年的全国高校外国语教材编审委员会会议。从成都回来后，她的病情愈加严重，直到有一天早晨，她无论如何也不能从床上挣扎起来了。这时，家人把她送到医院去做检查，医院确诊为骨结核。并且，她的肺部也发现了问题，需要住院进行进一步确诊。

检查的结果让钱瑗有些吃惊，她以为只是普通的病症，没想到，医生告知她已经是肺癌晚期，并且癌细胞已经扩散，病情十分严重。

听完医生的确诊后，阿圆并没有担心自己的身体，她只是在想，自己的工作有可能完不成了。

住院后，阿圆依然没有停下她的工作，除了每天的治疗之外，她把剩下的时间都用在了看书和工作上。但她的身体已经不允许她这样做了，她写不了几个字，身体就会酸痛不已，她就停下来歇息一会儿，等到身体不再酸痛，就又开始了工作。

杨绛要照顾钱锺书，不能脱开身来看望钱瑗，她就每天给母亲打电话告知她自己的状况。但她不敢和母亲说出自己的真实状况，害怕母亲无法承受这样的事实。她尽量和母亲说些开心的事情，从不谈论自己病情的进展。但纸里终究包不住火，杨绛还是知道了女儿的病情。

阿圆的病情对于杨绛来说，无疑是一个晴天霹雳。她已经承受了丈夫的病痛，没有勇气再去承受女儿的病痛了。八十岁的老人本是该安享晚年的时候，她却要整日待在医院照顾丈夫，还要惦念着同样病重的女儿。这是常人难以想象的痛苦，也是常人难以承受的苦难。杨绛却没有丝毫退缩的余地，她也没有任何人可以依靠，只能让自己坚强些，再坚强些。

杨绛想要抽出时间去探望女儿，但钱瑗却始终不愿母亲来探望她，她不想让母亲看到自己化疗后的样子，因为长时间的化疗，她的头发早已经掉光了。这样憔悴的自己，会让母亲更加难过，她不想再加重母亲心里的痛楚了。

阿圆同母亲一样坚强，她清楚地知道自己已经时日无多了，但她还是乐观地面对这一切，她同来看望自己的学生们谈笑风生，她在电话里和母亲愉快地开着玩笑，外人丝毫看不出她当时已经处在癌症晚期。

阿圆每天都在不断地和病魔作斗争，她坚持着、坚持着，直到有一天，她无法再坚持下去了，她知道自己马上就要走到生命的尽头了。她想要见自己的妈妈，她突然发现自己是如此舍不得离开她，她急切地想要看见母亲。

阿圆在最后的日子里打电话给杨绛，她在电话里深情地对母亲说："娘，你从前有个女儿，现在她没用了。"杨绛听了女儿颤抖的声音，她再也控制不住自己的感情，放声痛哭，任眼泪飙出她的眼眶。女儿的每一句话都刺痛了她的心，她的宝贝女儿就要离她而去了。作为一位母亲，她此刻却不能守候在病危的女儿身边，这是莫大的悲哀。

在阿圆去世前，杨绛终于守候在了她的身边。阿圆幸福地望着守候在她身边的母亲，她满脸洋溢的都是灿烂的笑容。病痛的折磨已经让阿圆无力再说太多话，她紧紧地握着母亲的手，母亲终于能一直守候在她身旁了，她的眼里露出了欣慰的笑容。

杨绛强忍住眼里的泪水，她拉着阿圆的手对她说："安心睡觉，我和爸爸都祝你睡好。"阿圆一会儿就安详地入睡了，她的脸上看不出病痛的折磨，也看不出死亡的恐惧，只有心满意足的笑容。杨绛和钱锺书唯一的女儿就这样离他们而去了，她曾经给夫妇俩带来了无尽的欢乐和喜悦，而如今，她已随着天空中自由的白云离夫妇俩远去了。

杨绛没有勇气去面对告别钱瑗的场面，她留在了医院里守候着钱锺书，她在心里默默地想着告别的场面，她用眼里的泪水静静地向女儿告别。

钱瑗生前曾经留下过遗愿，她的骨灰不用下葬。但学校里的师生们都舍不得她，他们把钱瑗的骨灰埋在了她经常驻足的一棵松树下，那里成了她新的住处。杨绛的心里一直挂念着女儿，她总是要来到埋葬钱瑗骨灰的地方静坐，默默地回想着女儿的往事，回想着女儿和丈夫玩耍的样子。

那时的女儿活泼可爱，她最喜欢和锺书一起玩游戏，她还要和锺书一起“欺负”杨绛。杨绛在树下坐够了就又回到医院，她要从女儿去世的阴影中尽快地走出来，她现在要把全部的精力都放在照顾钱锺书身上，他是她现在唯一的依靠了。

钱锺书的八十八岁生日到了，党中央也派来领导专门慰问钱锺书。钱锺书非常高兴，还挣扎着坐起来说了几句话。杨绛看到钱锺书兴奋的样子，心里也有了些安慰。在接下来的日子里，钱锺书的病情一直保持着平稳的状态，杨绛也稍微松了一口气。但不到一个月的时间，他的病情就又出现了反复，开始持续发烧。

杨绛知道这是个不好的征兆。医院方面得到了中央的指示，对钱锺书进行了全力的抢救，但一切都已经无力回天了，钱锺书还是离开了人世。

当他的生命即将走到尽头时，他似乎感觉不到了痛苦，他用异常清晰的声音对杨绛说出了“好好活”三个字，接着，就咽下了他生命中的最后一口气。杨绛已经流不出悲伤的泪水了，她用手抚摸着丈夫消瘦的脸庞，她心里纵是有千般的不舍，在此时，也只能挥手告别。她轻轻地亲吻了丈夫的额头，这一吻给他们今生的爱情画上了圆满的句号。

钱锺书博学多才，兼通数国语言，学贯中西。他治学严谨，探幽入微，钩玄提要，在当代学术界自成一家。他是一个天才，更是一个怪才，极具语言天赋却数理极差，怪才往往有一技之长却不通人情世故，钱锺书正是这样。杨绛道他憨傻顽痴，笨手笨脚，其实正是欣赏他的真实和孩儿性情，豪无机巧之心。她甘心为他安置打点，让他一展才华，看着他守着他，以免他的傻气闯出祸端。旁人谓她牺牲巨大，她其实是乐在其中、甘之如饴的，因为心性如钱锺书，她知道无论世事再多变数，这个男人都会将他的爱完完整整给她，无论她走到哪里，他都会有写不完的信，都会不辞辛劳来找她，记挂着她。

有人说杨绛的文字“成熟但不世故”，文如其人，这句话用来形容她的品性也恰到好处。杨绛聪颖敏悟，理性精细，极有天分，聪明人多反自误，能做到通识人情、成熟练达却不世故机巧实属不易。钱锺书曾自比赵明诚，她自然是李清照，都是伉俪情深，赌书泼茶，恩爱一般，且杨绛才情不逊锺书，《围城》写就之后，他作诗来玩笑说，不该学赵明诚妒忌自己妻子的才能。其实，他怎么会妒忌，她在他眼里是妻子、情人、朋友三者的结合体，她，是最贤的妻，是最才的女。有妻如此，夫复何求。

两人在意外下相遇，在书信中相知，一个聪慧，一个痴顽，一如李清照与赵明诚，又似小说里黄蓉与郭靖一般。命运眷赐，一经相逢便牵念一生。清华定情，共赴伦敦，求学巴黎，战乱归国，任环境变迁、世事荏苒，彼此间的情谊都能让两人内心安稳，心有所盼。

在干校时，钱锺书路过菜园，杨绛指着窝棚说：给咱们这样一个棚，咱们就住下，行吗？钱锺书认真想了一下说：没有书。想来只要两人在一起，一箪食，一瓢饮，陋屋一间，再加书籍无数，便是世上最好的幸福了。钱锺书多年前承诺她这一生只有死别，不再生离，韶光转眼即逝，死别终是来了，他先行离开。

钱锺书的遗嘱十分简单，他只要求低调举行他的葬礼，不要花圈，也不保留骨灰，一切都从简进行。对于自己的身后事，钱锺书非常放心，他知道妻子会处理好一切事物。

杨绛严格地遵守了钱锺书的遗愿，他的告别式在医院简单地进行。杨绛没有通知太多人，只有几位家人和钱锺书的几位挚友来给他送行。杨绛将钱锺书生前最喜欢的衣服穿在他的身上，他的遗容也被打理得一丝不苟。在钱锺书即将被火化时，杨绛掀开了盖在他身上的白布，她仔细凝视着锺书的遗容，她要把这一幕牢牢地记在心里。此时，她开始深刻地意识到，钱锺书与她真的是生死两隔，永难再见了。

杨绛目送钱锺书进入火化炉后，就再也支撑不住了，从此，她在这世上唯一的依靠也不在了，她难以承受这种无助的孤独感。亲人和朋友们都在劝她节哀顺变，她坐在那里一句话也不说，她知道，她要用时间慢慢地抚平心中的伤痛。

伟大的爱情不会因为生死别离而消散，它就如醇香的美酒，愈是历经时间的沉淀，就会愈加香醇。钱锺书和杨绛的爱情就是浮华世界里的童话，他们身体力行地守候着他们的象牙塔，在钱锺书死后，杨绛默默坚守着这座象牙塔，用自己的坚守传承爱的真谛。

第三节　我们仨

心底的秘密花园，清泉溅溅，幽香若兰，阳光可及。

好几年前，《我们仨》第一次出版的时候，还清楚地记得书的封面是纯白的颜色，质朴，没有任何修饰，一如她的文字，淡淡的却饱含深情，一个能够写出这样的文字的人必定是情感笃定丰富的人。

“他已骨瘦如柴，我也老态龙钟。他没有力量说话，还强睁着眼睛招待我。我忽然想到第一次船上相会时，他问我还做梦不做。我这时明白了。我曾做过一个小梦，怪他一声不响地忽然走了。他现在故意慢慢儿走，让我一程一程送，尽量多聚聚，把一个小梦拉成一个万里长梦。这我愿意。送一程，说一声再见，又能见到一面。离别拉得长，是增加痛苦还是减少痛苦呢？我算不清。但是我陪他走得愈远，愈怕从此不见。”

人世间本没有那么多纯粹的欢乐，快乐总是带着忧伤；人间也没有童话里那么多美丽和快乐的结局；人生也没有永远……谁都不清楚，或许这一生，又将坎坷，老病相催，可能不经意间人生就走到了尽头。

杨绛先后经历了凄怆的永远诀别，1997年早春，女儿阿圆去世。1998年岁末，钱锺书去世。她或许是无法面对现实的，这两个人，她至亲的两个人先后离她而去。但她觉得自己不能沉浸在伤痛的过去，她要再次坚强起来。杨绛身上还肩负着沉重的任务，她不仅要整理锺书的各类书稿笔记，她还要用笔写下他们一家三口的故事，她要将三个人的故事画上圆满的句号。

在杨绛先生九十二岁那年，她的回忆性文章《我们仨》完稿了，这是她写给自己的礼物。女儿和丈夫的相继离世，对于这位高龄老人来说是一种深悲剧痛，这种巨大的打击几乎让她一蹶不振。在她挣扎着站起来之后，她几乎拼尽了全部的气力，去完成了整理钱锺书手稿的工作。在这项工作接近尾声时，她要为他们一家三口写些东西，她要记录旧时光里的快乐，她要在那里重现往日他们一家三口的幸福。

很多人欣慰，欣慰的是人世间还有这样情投意合的神仙眷侣；很多人忧伤，忧伤的是再美满的婚姻和人生也有分别的时候。

家是什么？在杨绛的眼里，家只是一个人生的驿站，不是港湾，家之所以值得留念，那是因为有家人存在，有爱存在，当至亲的人离去之后，家不再是家，而仅仅是人生的一个客栈。杨绛在她的《我们仨》里如是说："我清醒地看到以前当作'我们家'的寓所，只是旅途上的客栈而已。家在哪里，我不知道，我还在寻觅归途。"

这部作品是杨绛对一家人的回忆，也是对一家人的思念，杨绛在创作的同时，也在不断地缅怀着父女俩。她不会因为家只能是一个驿站了而终止对他们的怀念。

《我们仨》分为三节："我们俩都老了"、"我们仨失散了"、"我一个人思念我们仨”。

第一节“我们俩都老了”，写的是杨绛先生做的一个梦，两人说说笑笑地走着，太阳下山，黄昏薄暮，突然钱锺书先生不见了，她在荒郊野地里找他，声嘶力竭地对着旷野喊着他的名字，却总是找不到。醒来发现锺书睡在身边，转侧至半夜等他醒来，于是告诉他并责怪他在梦中一声不响撇下她自顾自走了。而锺书安慰他，那是老人的梦，他也常做。

“是的，这类的梦我又做过多次，梦境不同而情味总相似。往往是我们两人从一个地方出来，他一晃不见了。我到处问询。无人理我。我或是来回寻找，走入一连串的死胡同，或独在昏暗的车站等车，等那末一班车，车也总不来。梦中恓恓惶惶，好像只要能找到他，就能一同回家。”想必在很久以前，杨绛先生的心里就存在着这样的恐惧和担忧，担忧有一天至亲的人会离她而去。

可惜的是有一天她至亲的人还是离她而去，在她心里，家庭代表着一种生活状态。有家庭的状态是稳定的，一个家就像一个三角形，三个成员就像三条边，有这三边围住，就是一个封闭的区域。在这个区域里，可以找到很多大千世界寻觅已久而不得的温馨和安定。可是遗憾的是，钱瑗和钱锺书先后离杨绛先生而去，这个三角形，一下子只剩了一条孤零零的边。什么都围不住了，一切都要自己承担了。

然而驿道上黄沙漫天，狂风怒号，杨绛先生心中依然有爱。

第二节“我们仨失散了”，这也是一个万里长梦，但梦毕竟是梦，梦中，钱锺书先生住在船上，杨先生住在古驿道的客栈，阿圆后来也因为病住进了医院，杨先生每天都要按时去看病床上的钱先生，但又总是准时离开，他们有时不讲话，只是相互握手，在古驿道上，她能看到自己牵肠挂肚的丈夫和女儿，但是在现实中，这都变成了杨先生独自的梦，他们曾在古驿道上相聚，但是最后也在古驿道上分离。

我们如此清楚地看出一家三口亲密无间的关系。但这幸福的一家三口，到了最后只剩下杨绛一个人，她一个人守候着三个人的故事，她用文字演奏着三人的生命之歌，她用她的生命去点燃照亮旧日时光的长明灯。她的文章里没有浮华躁动的文字，也没有急切热烈的盼望，她只是平静地讲述着这一切，这是她的职责，她要为先行离开的父女俩清理好战场。

最后一节是“我一个人思念我们仨”，这一节是有苦有乐的，文字从一组照片开始回忆，从他们相遇，留学，在英国有了阿圆，在法国读自由的书，直到回国，在生活中，他们总是对生活充满着热爱和赤子般的好奇之心。有了阿圆之后，生活更加欢乐起来，他们的关系不同于一般家庭的长幼有序，他们各自有各自的绰号。

杨绛在书中这样描述过他们一家三口的关系：“我们仨，却不止三人。每个人摇身一变，可变成好几个人。阿瑗长大了，会照顾我，像姐姐；会陪我，像妹妹；会管我，像妈妈。阿瑗常说：我和爸爸最‘哥们’，我们是妈妈的两个顽童，爸爸还不配做我的哥哥，只配做弟弟。我又变为最大的。锺书是我们的老师。我和阿瑗都是好学生……我们都勤查字典，到无法自己解决才发问。他可高大了。但是他穿衣吃饭，都需我们母女把他当孩子般照顾，他又很弱小。”

她用普通得不能再普通的文字记录着生活中的一切，只要他们三人在一起，毫无疑问这就是一个欢乐和充满爱的家，一个让她永远留恋的家。

事实上，这本书的写作早在钱锺书还健在时就开始了。那时，还是一位朋友建议杨绛，最好把他们一家三口的故事全部记录下来。当时的杨绛要忙着照顾父女俩，很难抽出精力去写这些东西。还是躺在病床上的阿圆揽下了这项工作，当时，她的病情已经发展到了晚期，她每天都要忍受着巨大的痛苦，她强撑着自己病弱的身躯去记录她和父母的事情。

杨绛发现女儿实在是写得辛苦，她就让阿圆先暂时停下笔，等到病好后再写。阿圆只好停下了笔，这一停笔，阿圆就再也没有在纸上写下一个字。女儿未竟的事业被杨绛担了下来，她要完成女儿的遗作，实现她最后的心愿。

这部作品是杨绛对一家人的回忆，也是对一家人的思念，杨绛在创作的同时，也在不断地缅怀着父女俩。这部作品是以一段梦幻般的情景开始的，接着，文章又转入了朴实无华的回忆，回忆清晰地记载了一家三口几十年来的苦与乐。

在钱锺书去世时，杨绛曾经说过，锺书是逃走了，她也想逃，但却压根走不动，她要留在人间清理战场，做好善后工作。的确，杨绛实在无法逃走。钱锺书去世后，留下了浩如烟海的各类笔记和手稿，这些笔记不但数量众多而且内容极为复杂。

钱锺书的笔记，大都是他看书期间一时兴起而引发的心得，他用中文记录，也用英文、法文、德文、拉丁文记录。他的笔记也不是延续、连贯的，大多数内容都是支离破碎的，并且，他笔记的内容涉及古今中外各类书籍，内容之繁杂几乎让人望而生叹。

经过杨绛辛苦整理的笔记的最终数目如下：共有外文笔记一百七十八册，总计三万四千页；中文笔记三万多页；“日札”二十三册，两千多页，加起来共有四十卷之多。这些笔记最后以《钱锺书手稿集》的名义出版发行，这是杨绛在钱锺书生前和他约定的书名。

这本手稿集是钱锺书留给后世的巨大遗产，也是杨绛献给钱锺书的厚礼。钱锺书毕生勤勤恳恳地致力于学术研究，他不争名逐利，不爱慕虚荣，他用他毕生的精力和汗水为他换来了流芳百世，他的努力更是得到了后人的尊敬。

很难有人彻底清楚什么才是智慧的人生，有些人一生忙忙碌碌、不断追寻，可到头来也没有找到智慧的人生。智慧的人生不会在追逐名利中找到，也不会在随波逐流、碌碌无为中找到，它是在历尽苦难磨砺、饱经人世沧桑后才能领悟到的境界。智慧的人生是从容不迫的，它会掌握时间的脉搏，它会用有限的生命去绽放出无限的精彩。

杨绛毕生的努力并不是为了换取一个流芳百世，也不是为了赢得别人的尊敬，她只是活出了自己，在最简单的生活里过着最不平凡的生活。

第四节　人生边上的智慧

杨绛先生谈论哲学，与学术无关，与名誉无关，她只和自己谈，甚至和她栖身的这个热闹世界也无关。走在人生边上，她要想清楚等待她的是什么，留在身后的又是什么。她细心地为自己的灵魂清点行囊。

尼采有言："句子的步态表明作者是否疲倦了。"从这些文章中，作者可以看到杨先生依旧精神饱满、精力充沛，她比很多年轻人更年轻，心智更活泼。

对人生无尽的感叹，也只有在饱尝人生的苦与乐之后才能发出。行走在浮华的世界里，每个人都会感觉到无比的疲惫，人们总是活得太过碌碌无为。也许，只有人将行走到人生的尽头时，才能对人生有大彻大悟的理解。

《走到人生边上》是杨绛先生在九十六岁高龄之时的著作，这也是她首次坦陈自己对命运、人生、生死、灵与肉、鬼与神等问题的思考。

在书的“前言”中，杨先生如此写道：“我正站在人生的边缘上，向后看看，也向前看看。向后看，我已经活了一辈子，人生一世，为的是什么呢？我要探索人生的价值。向前看呢，我再往前去，就什么都没有了吗？当然，我的躯体火化了，没有了，我的灵魂呢？灵魂也没有了吗？”从“前言”中我们便可以清楚地知道她主要是谈论两个问题，一个是灵魂的去向，一个是人生的价值。

杨绛先生丰富的经历，使她拥有了无数可以指导人生的经验，她在漫长人生路上的思考，也使她对人生的理解愈加精深。

2005 年 1 月 6 日，杨绛先生从医院出院，回到三里河的寓所，当时的先生还在用调侃的语气说：“我是从医院前门出来的。如果由后门太平间出来，我就是‘回家’了。”

在她看来，这世界上有甚多可以超越生死的东西存在着，包括人，可以看出先生是勇敢和敏锐的，这勇敢和敏锐着实令人敬佩，她超脱中国两千多年来传统文化的实用品格，而去关心这些在大多数人眼里不值得一提的东西，这些摸不着的东西没有人去真正的在乎，比如灵魂，比如生死。

据说只有真正超脱的人，才可能去关注这些问题。他们是精神世界的存在体，与物质世界无关。

杨绛先生一番发自肺腑的思考，诚实地道出了她对人生的所有思考。走在人生的边上，她有时会感到无比的孤独，有时也会有种超脱于整个世界的感觉。她不缓不急地走在人生边上，她还要边走边思考，早晚有一天，她会参透人生所有的命题。智者杨绛，她用岁月的积淀清澈了自己的心灵，她用爱的力量指引了人生的方向。

她仔细地讨论了人生的价值，也仔细地讨论了灵魂的去向，不难发觉，在先生的意识里，这两个问题是密不可分的，除此以外，先生还对天地生人的目的做了一番有趣的讨论，先生认为天地生人，着重于人身上的“灵”，由此引发了先生对当代的思考：几千年过去了，世道人心进步了吗？实际上没有，归根结底一句话，物质是发展了，但是人之为万物之灵的“灵”却无进步。

杨绛先生依旧对这个时代偏离神明指引的种种迹象看得一清二楚，先生是痛心的，她不禁发出悲叹：“曾为灵性良心奋斗的人，看到自己的无能为力而灰心绝望，觉得人生只是一场无可奈何的空虚。”

杨绛先生的话切中时弊，不啻是醒世良言。

周国平先生在看了《走在人生边上》之后曾如此评价：“我们可以看出，杨先生在写这些文章时是怎样的毫不疲倦、精神饱满、兴趣盎然，遣词造句、布局谋篇是怎样的胸有成竹，收放自如，一切都在掌控之中。这些文章是一位九十六岁的老人写的吗？不可能。杨先生真是年轻！”周国平先生劝人们千万不要错过这样的好书，包括附在正文后面的注释，可见杨绛先生文章的透彻性以及可读性。她从来没有想过教育谁，也从来没有想过要和谁争什么，她只是平静地说着自己对这个世界的看法。

这无疑会让人想起先生曾翻译的一首诗：

“我和谁都不争，
和谁争我都不屑；
我爱大自然，

其次就是艺术；
我双手烤着，
生命之火取暖；
火萎了，
我也准备走了。”

第九章 | **平静人生**

寻找回家的路

第一节　文字里流淌的力量
第二节　母校的思念
第三节　垂馨百代共筑昆仑
第四节　一个人，守着三个人的故事

第一节　文字里流淌的力量

“有的时候，人和人的缘分，一面就足够了。因为，他就是你前世的人。”用这句《圣经》里面古老的箴言来形容钱先生和杨先生这对文坛伉俪的爱情再合适不过。多年后，人们已经不再说起他们当初的相遇，但是她还记得。

1932年早春，清华大学古月堂门口，两人初次相遇，钱先生被她“颉眼容光忆见初，蔷薇新瓣浸醍醐”的清新脱俗、灵气逼人吸引，她觉得他眉宇间“蔚然而深秀”，这是人世间最好的相遇。

钱先生曾用一句话概括了妻子：“绝无仅有地结合了各不相容的三者：妻子、情人、朋友。”他们的爱情，不仅有心有灵犀的默契和坚守，更有碧桃花下、新月如钩的浪漫，如今，虽然斯人已逝，但是杨先生的深情依旧在岁月的轮回中生生不息。

不管是在如今，还是在往昔，很少有人能真正实现“执子之手，与子偕老”的忠贞誓言，“执子之手，与子偕老”只是一句美好的诗，它总是存在于现实人们所无法企及的地方。大多数人总是在现实面前低下了头，选择了退却或是放手，往往面对唾手可得的幸福却要犹豫三分。像杨先生与钱先生这样的神仙眷侣总是极少数的，人们羡慕之余，大抵还是要向杨绛讨点秘诀，怎样才能保证婚姻的质量以及新鲜感。

实际上这样的问题总显得浅薄，世上人们千千万，各有各的不同，各有各的遭遇，经历不同，人生亦不同。然而，每个人心中都有一颗追随美好的心，人们羡慕别人的幸福，人们想知道别人如何幸福。

面对这样的问题，杨先生的回答是如此质朴，会让人发自内心地震撼，原来，真正的爱情，不只有这轰轰烈烈，还有那细水长流，生活没有太多的可以谋划，只有顺其自然的心灵相通，长久的秘诀是什么，爱的真谛是什么？

杨先生平静地回答："我是一位老人，净说些老话。对于时代，我是落伍者，没有什么良言贡献给现代婚姻。只是在物质至上的时代潮流下，想提醒年轻的朋友，男女结合最最重要的是感情，双方互相理解的程度，理解深才能互相欣赏吸引、支持和鼓励，两情相悦。我以为，夫妻间最重要的是朋友关系，即使不能做知心的朋友，也该是能做得伴侣的朋友或互相尊重的伴侣。门当户对及其他，并不重要。"

两情相悦，理解，欣赏，支持，鼓励，信任……这些看起来是多么抽象的名词，很少有人能够真正做到去理解、去支持、去鼓励另一半。太多的人只能做到最初的坚守，保持最初的甜蜜和激情，而在流水般的时间冲洗下，丢失了初心，放弃了不易的坚持。不管是别处还是此身，这些现象是无处不在的，所以，杨先生和钱先生之所以成就了一段旷世奇缘，是有她的独特之处的。

这些最简单的“老话”，让我们懂得了这对神仙眷侣的幸福诀窍，两个人仅仅相爱是不够的，唯有成为彼此的唯一，是伴侣，也是朋友，做到这些，无论是恋爱也好，婚姻也罢，终是能自然顺畅地走下去的。

对于杨先生来说，钱先生是如此，他们相互理解，相互支持，惺惺相惜。

而对于钱先生来说，杨先生的角色不仅仅是妻子，她还是他的“作品监管人”。钱先生在世的时候，每每出版的书籍都是要自己审核才能发表的，这已经是他的一种习惯，自己这关都过不了，怎么敢出版让读者鉴赏呢？也由此可见一个真正的大家是对自己的作品负责的，他所要求的不仅仅只是把书出版，而是真正做到没有下次。

可当他离世后，钱锺书自己倒是不能再写书了，而持续未断的传记热潮，又让很多人将注意力转到了他的身上。这是常见的，身后总会有很多人出于膜拜、出于敬佩的心理来诉说已故人的一生，从文字中感受他们，怀念他们，很多后来者就是通过这些文字去了解他们，感受他们的。凡是写他的书，杨先生都要先看过，对不正确的地方及时指出，她害怕太多的人只是图一时乐，而抛弃了事情的真相。

杨绛先生是好母亲，也是好妻子，然而又远非如此，她在文学上的巨大成功是有目共睹的。其沉淀简洁的语言，看起来平平淡淡、无阴无晴，然而平淡不是贫乏，苦心经营的朴素中总有一份本色的绚烂和华丽，字里行间总是渗透着巨大的表现力，有时是平静中的抗议，有时是调侃中的悲哀。

她的作品大多都是以平淡温情著称的，像是一面放大镜，读者能通过阅读作品看透一个时代，文字中总是有着大内容。文章中看似简单的一句话可能会点透一个人生哲理。一个发生在她自己身上的故事，却是一个宏观时代的缩影记载。杨绛用手上的一支笔，记录下了属于这个时代的印记，历史长河虽然滚滚向前，但终究无法淹没这位笔者文字下的红尘世界。

杨绛的心是暖的，就算是身处血腥战争的社会之中，她仍然坚持描写那些难得的美好。作品中你甚至很难读到一句哭诉或是怨言，明明是生活困苦，身心俱疲，但杨绛笔下依旧是轻松甚至诙谐的话语，她只是淡淡地描写着这些过往，讲述了故事中那些人物的荒诞与无奈。隐藏可能只是为了忘却，杨绛从没有回避过苦难，这些疼痛的印记深深地烙在她的心里，时常提醒着她要善待身边的每一个人，要乐观积极地过好每一天。

这样的文字和这样的态度是先生平常生活中流露出的一种态度，这种态度没有任何修饰，却在无意间感动了很多人。

她要青年人多读书，她也如此珍视读书的自由，她还感叹道："壶台悬挂的一把壶里，别有天地日月，每一本书——不论小说、戏剧、传记、游记、日记，以及散文诗词，都别有天地，别有日月星辰，而且还有生存其间的人物。"钱先生去世以后，她一直闭门谢客，潜心读书，她不仅让自己得到精神上的享受，她也乐意去让别人进入精神世界的大门。

曾经有一个高中毕业生给杨先生写了一封很长的信，信中一方面表达了他对于杨绛的仰慕之情；另一方面则诉说了他自己的烦恼。杨绛读罢，立即便给他写了回信，除了寒暄的话语以外，信中其实归根到底便只有一句话："你的问题主要在于读书不多而想得太多。"

话语直截了当，杨绛大抵不想给这个孩子太多幻想的可能，在她心中读书自然是很重要的事情，如果一个人的能力承载不了他的梦想，那么他大概需要静下心来好好读书了。

在她心中，读书是头等大事。在杨先生的一生，著作等身，她的文章总是沉静诙谐中有沉着老练、雍容优雅的气派，锋芒内敛后的不动声色，一种静穆超然的中和之美。

在杨绛先生一百零二岁这一年，人民文学出版社收集了她迄今为止最为全面的作品集《杨绛文集》。文集是八卷本，还收录了插图 80 幅，很多画都是首次发表，这是一套相当有价值的研究资料以及个人藏书。杨绛知晓后，亲自撰写了序，足以见得杨绛对这本文集的重视程度，而《杨绛文集》也堪称是最全面、最权威的杨绛作品集了。它用一本书的厚度记载了那个特殊时代下的文人大家。

但是，这在杨先生眼里还是不足够的，她认为这并不代表着自己创作的终结，只要在身体允许的前提下，她就会继续坚持写作。

这么多年，笔与纸的交融早就成了她生命里不可或缺的部分，她一定要写，写到生命的最后一刻。或许，我们曾如此渴望命运的波澜，但是到最后才发现：人生最曼妙的风景，竟是内心的淡定与从容，而她成了这个喧嚣躁动的时代最大的温润慰藉。

第二节　母校的思念

“杨绛是我们的骄傲，我们振华校友的骄傲。她不见媒体、不见外人，无论是官是商，是名人，还是其他有关无关的人，一概不见。这是她的性格，也是她的心境。但我们几乎每年都去看望她，像亲人见面。”

这是 2011 年 7 月 17 日发表在《中国教育报》上的一篇文章，这一天，是杨先生的百岁生日。杨先生与这所学校结下了近百年的缘分，杨先生说：“母校有一种特有的味儿，学生们带着这种味儿离开母校，无论到哪里，干的是什么工作，无论是荣是辱，无论是贫是富，这种味儿一直没有变，会伴随一生。”

杨绛是 1928 年毕业的，这也恰好是振华最后一批毕业的学生。在进校之前，杨绛的父亲让三姑母给自己的女儿们推荐个好学校，一开始是想让杨绛去京海女中的，没想到事情发生了转变。在几天后的一次演讲，三姑母收到了振华女校校长季玉先生的邀请，几经比对，她改变了最初的决定，还是认为杨绛姐妹们去振华读书更为合适。

可当时的振华女校没有现如今的风光，校园设施很是破烂，这对杨绛她们来说是难以接受的。在杨绛的观念里，学校不仅仅是读书学习的地方，更应当是陶冶情操的好去处，显然振华学校不是。不过这样的感觉并没有持续太久，在后来的读书过程中，杨绛开始慢慢发现振华女校也有着只属于它的优势，可以说是令她一生都受益无穷的。“王季玉先生办学有方，想方设法延聘名师来学校任教，教科书采用外国教科书最新的版本，学业成就是一流的，学风朴实务实。”这就是杨绛对自己学校独特优势的最好阐释。

那时的杨绛也渐渐开始明白，环境的好坏不是那个最终决定人的命运的因素，只有自己的努力和勤奋才能掌控命运。所以，在振华女校的日子里，杨绛就一直刻苦努力，她给人的印象总是娴静温婉，不仅如此，文笔更是了得，在当时的学校，杨绛已经开始小有名气，“风响飕飕，岑寂苦影独。破闷读古书，胸襟何卓荦。有时苦拘束，徘徊清涧曲……”当时小小的心，就已经开始显示出对社会纷纷扰扰的无望和对饱读诗书的追求，从那时起，她就一直执着着自己的执着。

她是那个在苦难时代一直陪着振华的人，振华于她是家一样的存在。不管时光如何老去，那都是一份永远也抹不去的记忆。她常常是一个人独处，不见媒体，也很少见客人，但是，对与振华相关的每个人她都是热情的，这份热情不是相对于其他人的闭门不见，而是在她心中，振华的人早已是自己的家人，和家人在一起总是高兴的。

在 2005 年的时候，振华学校的几个校友一起去看杨绛，那个时候的他们也早已是七十多岁的老人，杨绛住在三楼，他们爬上去时早已气喘吁吁，所以到了门前也不敢贸然就进去，总是要先定定神、定定心，然后再去敲门，杨绛对母校有情，也足以见得她在校友中的地位。

杨绛是苏州十全街旧校址老振华女校毕业的最后一届学生，那届学生毕业后，学校就迁到清代苏州织造署遗址上改建的新校舍里来了。每当振华的校友去看杨绛时，总是说及此事，她们说，杨绛来拔过草、捡过破砖。说已巳亭是他们这届毕业生留给母校的纪念物，如今在校园的最高处，散发着感恩的气息。也是因为这一优良传统，从此以后，每届毕业生都会为母校留纪念物，以此表示对母校的不舍和感恩。

在和杨绛先生交谈的时候，一片乡音，杨绛先生仿佛又回到那熟悉的时代，尽管在拜访她之前，她已经约法三章：不拍照，不带记者，不写文章。可是当他们真正拿起数码相机要与她合影时，她却笑呵呵的，任由他们“摆布”，或许在她心中，家人的请求是无法拒绝的，这本身也是快乐的，所以，在拜访人的眼里，杨绛就是一位慈祥的外婆或是祖母。

当大家一起回忆起校歌时，杨绛轻轻吟唱起来，唱完之后还问唱得对不对，或许，对于每个已经离开母校的学生来说，这种滋味是可以理解的：无论到哪里，做什么工作，无论是荣是辱，无论是贫是富，这种味儿一直没有变，会伴随一生。

停止了回忆，杨绛的目光转到了振华女校现在的照片上，它早已不是当年的模样了。翻看着手中的相片，杨绛却丝毫没有觉得陌生，这里还是有着她的气息，有着她的影子。犹记在学校西北处有一大片的梅岭，在梅岭上有一座亭子，杨绛也曾在这里拔草、捡砖。这是杨绛那届学生留给学校的一份礼物，也是一个纪念，而这个传统也被很好地保留了下来。学子们在离开之际将心中对学校的所有情感全都付诸这样的行动中，不舍或是祝福，母校看在眼里，同样感受于心。

杨绛一直认为是振华改变了她，是振华影响了她一辈子，其实反过来的道理同样是这样，杨绛带给学校的，岂是能用简单言语就能表明的？

在学校的西花园里，有一处廊亭，为“季康亭”，是以杨绛的字“季康”命名的。一眼望去，可以看见长廊上镌刻着十多位学校名人的名字，其中有著名文史学家王佩诤、中国油画大师颜文樑等，这两位都曾是她的老师。

“季康亭”南面有杨绛为母校题写的“实事求是”纪念石碑。当年，季玉校长每天朝会向同学训话，开头第一句就是：“昵（苏州方言，我们）振华要实事求是。”在杨绛先生为母校题字时，难得的是，这一幕竟然被记录了下来，镜头里的她，仔细凝视纸张，低头书写，然后慢慢抬起头来，她总是这样专注。

虽然早已离开振华，但在杨绛心里，那里一直是她难以放下的惦念，她对学校的思念全都倾注于关切之中，打听着振华的近况，任何角落都不放过。而振华也从没忘记过杨绛，在学校的橱窗里还摆放着老人生日时候的照片，她甚至不知道，在振华学子的心中，与杨绛的距离一直都是那么近、那么近，他们都亲切地称呼她为“我们的杨绛”，考进振华的青少年除了兴奋以外，还有那难以磨灭的自豪感。

杨绛百岁生日时，母校与北京振华校友会去杨绛家为她过百年寿辰，大家能够感受到百岁老人仍然思维敏捷，笔耕不辍，这无疑是母校的荣幸。在振华学校看来，杨绛是从校园走出去的人，她是学子中的一分子。

大家离开时，杨绛恳请校友将她对母校浓浓的思念带回去，纵然有千言万语也没办法说出，她已垂垂老矣，无法守候在那个家一样的地方旁边，但她那颗依然炽热的心带着所有的希望与祝福牵挂着振华，牵挂着所有振华学子。

对于杨绛来说，振华女校在她心中始终占据最重要的位置，在那里有着太多美好的回忆。一进校门，总会看见那一条“闻道廊”，长长的笔直往下，大家习惯称之为“圣廊”。它好似一本史册，那里有很多著名校友的头像及简介，其中自然少不了杨绛。

岁月依旧流逝，人们的感情还在，杨绛对母校的惦念还在，母校对杨绛的恩情和感激也将永存。

第三节　垂馨百代共筑昆仑

大多清华学子必定忘不了那个严冬的早晨，清华园的南北主干道上悬起了一眼望不到头的洁白的千纸鹤，这是清华学子为飘然仙逝的老学长钱锺书送行。

在他病重之时，一家三口（钱锺书、杨绛和他们的女儿钱瑗）郑重决定将钱锺书及杨绛的全部稿费及版税捐赠给母校，在清华大学设立“好读书”奖励基金，以此来奖励那些学习成绩优秀、刻苦上进的学生。作为人文学者，将自己毕生辛勤耕耘、呕心沥血所得倾囊捐赠，这样的事，在中外文化史上颇为罕见。但细细想来，也觉得是理所当然的。杨绛与钱锺书本来就不是贪财之人，金钱对于他们来说始终是身外物，他们最为关心的还是教育问题。读书这件事不但他们做到了，还得普及整个国家，要让所有人，特别是年轻人喜欢上读书，做个好读书、读好书的人。

晚年的杨绛基本上不出门，也不见客人，她喜欢一个人简简单单地生活，这样便没有喧嚣。但是她还是参加了“好读书”奖学金的捐赠仪式，捐赠款数一共是七十二万元，这对于整个清华校园都是一笔极大的奖学金项目，所以捐赠仪式是必不可少的。在捐赠仪式上，大家对这位老人充满崇敬之心，轮到她讲话时，主持人特意说杨绛先生可以坐着发言，不必站起来，但是杨绛执意要站起来，她说：我个子小，要站起来说……

“这次是我一个人代表三个人说话，代表我自己、已经故去的钱锺书和女儿钱瑗……在 1995 年钱锺书病重的时候，我们一家三口共同商定用全部稿费及版税在清华设立一个奖学金，名字就叫‘好读书’，而不用个人名字；奖学金的宗旨是扶助贫困学生，让那些好读书且能好好读书的贫寒子弟，能够顺利完成学业……感谢清华大学帮助我实现了我们一家三口人的心愿。”清华大学是一家三口人的母校，其特殊意义是不言而喻的，杨绛只想着要凭借着自己的能力来回馈母校，将自己同丈夫的精神传递下去，能够令世世代代的清华学子都能做个有用之才。

曾有人拜谒杨绛先生时问道，何以在清华大学设立奖学金，杨绛先生回答：“我们一家三口都爱清华大学。”对他们的女儿钱瑗来说，清华园是她童年美梦的摇篮，杨绛先生“三进清华”和清华为钱锺书“两次破格”的佳话都已广为人知。她在《光明日报》上发表的《我爱清华图书馆》中称，自己本来可以在宿舍里读书的，但偏爱去图书馆，可见杨绛在读书上也是一位饕餮者。

“好读书”可以说是钱、杨的共同志趣，也是联结两人情缘的一条红线。初降世间就倾情于书的钱锺书，一迈进清华就被图书馆迷住。他读书之博、见解之精，令同辈叹为观止。可以毫不夸张地说，后辈中能望其项背者少之又少，像他一样爱读书并且精通很多学科的人也是凤毛麟角。杨绛先生一进清华就同“二书”结缘：一为读书，二为“锺书”：因爱读书，而爱读书的“锺书”，因爱锺书而更爱读书。

“旁行书满腹，同梦笔生花”，可以作为他们六十余年相伴相随的写照。

“好读书”在钱、杨二人看来到底应该怎样理解，首先最重要的是读书首先应成为一种“爱好”，或曰“嗜好”。读书就是他们选择的生命存在方式与价值所在。

捐出了这么一大笔款项，杨绛自己的生活却一直保持着最为简单、最为低调的风格。她过惯了与丈夫一起的日子，就算现在钱锺书已经离开，杨绛仍然保持从前的习惯，包括为他搭配的“下午茶”。房间里再也没有添置任何多余的家具摆设，杨绛就是要让它留着原来的模样，这是世界独一无二的东西，变了就不会再有了。

生前，钱先生与杨先生一样，避名利有如避瘟疫，然而历史却是如此捉弄人，要先生被名声逼得无处可逃，恨不能弄件“隐身衣”穿穿（见杨绛《将饮茶》），以逃避世俗的喧嚣。

可是这样的愿望难以如愿，2013 年 5 月的一天，某公司发布公告，宣称将于 2013 年 6 月在北京举行钱锺书、钱瑗以及杨绛所有手稿的拍卖会。这些手稿中，不乏很多的信件，从这些信件中可以看出，大多都是钱锺书与他人的来往记录。信中有不少有关于家中琐事的描述。

在这一消息公开之后，很多人都感到异常气愤，这些不能公开的信件一旦被拍卖，那不仅仅是经济上的不道德，而是对逝者的极大不尊重，更是对生者的无礼。消息传到杨绛耳中，她是十分气愤的，随即打电话给当事人。

随即，一向温婉的杨绛发表声明，反对拍卖公司对她以及钱锺书和钱瑗私人书信的拍卖，如若对方坚持一意孤行，她将诉诸法律，以此来维护自己及家人的合法权利。以此也不难看出，作为妻子，作为母亲，她在尽最大的努力去维护他们的尊严。

这件事也引起了各方面的高度重视。

最终结果于 2014 年 2 月 17 日出来，北京二中院一审判决被告停止涉案侵权行为，并给予杨绛一定的经济赔偿。其实，对于一个生活简简单单，把自己的大量稿费都捐出去的人来说，金钱是丝毫不重要的，重要的是家人，捍卫自己以及亲人的权利是最重要的，她就是不允许有这种事情的发生，杨绛要竭尽全力为“我们仨”讨个公道。

钱、杨二老，无论是在人格上，还是在精神上，都是人生的典范。钱先生生前被誉为“文化昆仑”，他是坚辞不受的，然而，不管先生领受或者不领受这样的称号，对于后辈的文化人和青年学子来说，他们二老永远是楷模。

在钱锺书病重之际，他所想到的是把什么留给后人，对于杨绛先生来说，不仅仅是把什么留给后人，还要更加拚命地去做，以病弱之躯，兢兢业业。想必钱先生在天也会含笑赞许。

第四节　一个人，守着三个人的故事

杨绛的家庭充满着恩爱、和谐，然而，短短两年，杨绛却屡遭不幸，爱女和丈夫先后离世，相濡以沫整整一辈子，杨绛的痛苦可想而知。

在以后的这段日子，杨绛一如既往，闭门谢客，潜心读书，在她心里，这样的生活并不是不通达人间情理，也并非是消极厌世，而是在追求一种精神上的享受。

洗尽铅华的杨绛，喜欢待在家里，也许只有在这里她才能感受到安全，感受到踏实。书桌成为她常去的地方，在这里静静地看书便能消磨太多时光，读倦了也不曾想过出去走走，只是抬头看着窗外，望望那蓝天和白云。在如梦如幻的纯净世界里是否能看见逝去的亲人，是否他们也正低头望着她，能够用眼神诉说苦涩不堪的思念之情。

望过天空再将视线转移回来，扭头看看熟悉的家，依旧是简单至极的装饰，依旧是水泥地板，依旧是老式的钢窗和粗布沙发，一切都像是从未改变过，但心境却大不相同。

曾几何时，住在这样的房子里是幸福的，即使是没有最为华丽的现代的家具，没有前卫的设计，却仍然能感受到世间少有的温情。杨绛曾像个孩子一般，挽着丈夫与女儿的手，开心地撒娇。

只是还没来得及过多地留恋，残酷的命运便硬生生地改变了所有。依旧是同样的老房子，却少了另外两个鲜活生命的华丽点缀，杨绛时常看着家具发呆，她甚至还能够隐约看见钱锺书坐在书桌前阅读书籍，看见阿圆趴在沙发上跷着脚打电话。

可揉眼细看，才明白这一切都只是幻觉，未曾得到就不会觉得痛苦，可杨绛曾是那样幸福，到头来也只能在幻想中思念着已故之人，任凭泪水肆意流淌，划过脸颊，渗透到内心里，隐隐作痛。

只要一抬头，还能看见天花板上的几个手印，其中的故事也只有杨绛清楚明白，这还是钱锺书在世时留下的。夫妻俩都是性情中人，不会轻易求助帮忙，就算是七十多岁的高龄了，遇见灯泡坏了的事情，也首先想到自己解决。杨绛就是在板凳叠着板凳的情况下换上了好灯泡，使屋里重现光明。只是这些天花板上留下的手印诉说着老人的不易，也留下了只有杨绛同钱锺书两人才有的特殊回忆。所谓平淡中见真情，大抵说的就是这样的情形。

当岁月老去，大千世界不再那样光彩诱人，只剩那沉甸甸的回忆在不断诉说，诉说着那些深埋于心的真情过往。如果现实不再，那么回忆总是好的。

杨绛坚持锻炼，即使是细小之事也宁愿自己动手，每天都能很好地打理事务，而对于外界发生的事件却是极少关心的。

到杨绛一百岁生日的时候，本来按照无锡的传统，是“做九不做十”的，当时钱锺书的一位堂弟询问过她的意见，想知道杨绛对于这百岁大寿有何打算，没想到杨绛只是告诉他，让其他人在各自的家里为她吃上一碗寿面即可。庆祝生日这种事情大抵杨绛是不在意的，又或者她想要陪在身边的人已经不在了，那这般欢愉的庆祝就更显多余了。

直至现如今，在三里河，这里依然有个宁静的家，三层的旧楼满是沉甸甸的回忆。杨绛住在里面，她觉得很安心，老房子里有过欢乐，有过悲伤，只是那些欢声笑语，那些低语呢喃都已成为过往，像是匆匆走过的过客，带走了杨绛对爱、对美好的渴望与热爱。

杨绛的一生都是简单、朴素的，有过大起大落，却也最终归于平静。杨绛心肠是好的，即使是在自身贫苦的情况下，也会尽力帮助别人。同院里的人要是遇到困难，不用别人来找，她都会主动找上别人，询问对方的难处，能帮到的就会出手相助。

杨绛作书的版税全都是捐出了的，她自己则是依靠一些退休金维持生活。但杨绛帮助的人却不少，都是些遇到困境的年轻人。这些人中有好些都是从钱锺书还在世的时候便开始帮忙的了，这样算来已经有很久的时间了。杨绛从没有想过放弃，宁愿是自己受苦一点，也要让年轻的生命得到拯救，得到重生。

杨绛对自己一贯是清简的，一次朋友来家中做客，突然发现她的脚上穿着蛮好看的鞋子，忍不住地夸奖道这鞋很别致，杨绛想也没想便说其实是钱瑗的，在场的人都快要落下泪来，谁都不曾想到这位母亲已经窘迫到穿着已过世的女儿鞋子的地步了。但正是这样一位老人，面对苦难却从没轻易低头，在她面前，一切的不易都是那样轻描淡写，无足轻重了。

这种人生态度大抵是从跟着丈夫时开始培养的，两人生活的点滴就是坚强的积淀，杨绛承受了太多，却没有一次喊过疼，叫过苦，命运的不可捉摸在她这里仅仅是路途中的一块石头，不足以大到令她心生畏惧，止步不前。

杨绛也很在意自己的身体，她一直是很健康的，她坚信有了良好的体魄，才能继续创作，才能继续守着“三个人的回忆”好好生活。

钱锺书走了，女儿阿圆也走了，只剩下了杨绛一个人，本来热闹温馨的世界霎时间变得沉默而昏暗。此时已经没有任何人可以来扰乱她的内心，也没有任何事情能够再掀起她情绪的波澜。

杨绛当作宝贝一样的老房子在外人看来却是寒酸的，政府就曾主动提出要给她装修一下房子，但都被杨绛拒绝了：“虽说是国家的钱，到底是老百姓的，所以不要破费。”即使是自己身处陋室，但还是时刻为天下人所考虑，残酷的岁月依然没有改变老人善良的本性，反而越多的苦难越能让她感到生命的可贵与真情的不易。

2014 年 7 月，杨绛先生迎来了她的一百零三岁生日，她依然谢绝了外界的一切做寿之礼，仅以续写的书稿为自己祝寿，百岁高龄，却依然笔耕不辍。这样的传统是在很早以前，钱先生还在世的时候就保存下来的，据说钱锺书在世时就从不做寿，他和杨先生一样，喜欢简简单单的生活。

曾经采访过钱、杨夫妇的北京大学教授徐泓在回忆文章中透露，1990 年 11 月，钱锺书先生过八十岁生日时，“家中的电话一度闹翻了天”。因为学界同人、亲朋好友、机关团体，纷纷要为他祝寿。人很多，所以势必就有很多交际不得不去应酬。他所在的中国社会科学院还准备为他开一个学术研讨会，但钱先生一律坚辞。对这类活动，他早已有言在先："不必花些不明不白的钱，找些不三不四的人，说些不痛不痒的话。"

杨绛说："我无名无位活到老，活得很自在。"

虽然钱、杨二老甘愿过着平淡的生活，而生活往往并非如此。只愿世人能够理解一个老人想得平静的心而不去带给他们喧闹和这个世界的烦躁。也许这是送给老人最好的生日礼物。

在这几年里，杨绛亲手完成了几万字《洗澡》的续稿《洗澡之后》，今年生日，杨绛先生一再告知出版社等机构不要去她家看望，也不要祝寿。

2013 年杨绛由于身体原因屡次住院，在治病养病期间，还遭遇了钱锺书手稿被拍卖的风波。这无疑给老人很大的打击，不仅仅是身体上的，还有心灵上的。2013 年冬天，杨绛因为带状疱疹、肠梗阻和肺部感染三次入院，直到 2014 年 3 月才基本痊愈，在这段时间，老人忍受了巨大的痛苦。杨绛称自己"深深感激媒体和网民同志的热情鼓励和祝愿，因为年老体弱，已难与大家沟通，只有心中默默为众祈福，自律自爱，过好每一天"。

"一个人经过不同程度的锻炼，就获得不同程度的修养、不同程度的效益。好比香料，捣得愈碎，磨得愈细，香得愈浓烈。我们曾如此渴望命运的波澜，到最后才发现：人生最曼妙的风景，竟是内心的淡定与从容……我们曾如此期盼外界的认可，到最后才知道，世界是自己的，与他人毫无关系。"

这是杨绛先生的文字，暮年之时，早已看透这世间的纷繁三千，知足常乐的心态才是淬炼心智、净化心灵的最佳途径。

感受过杨绛先生起伏的人生后，我们收获的是无尽的感动，是难以言尽的精神力量……唯愿先生在天堂快乐！

后　　记

百岁老人杨绛的生命已经跨越了两个世纪，她的生命历经了中国社会最动荡、最混乱的几十年。在那个混乱的几十年里，她和爱人钱锺书携手与共，相濡以沫地度过了岁月的劫难，品味人生的点滴幸福。他们的爱情一直被后人称颂，不仅是因为他们的不离不弃、同甘共苦，更是因为他们能够互相理解、互相尊重。

同是出自书香门第，杨绛和钱锺书，拥有着共同的追求，那就是徜徉在知识的海洋里，他们要在这里寻找人生的真谛，他们要结伴攀登学术高峰。

杨绛的大半生都是同钱锺书一起走过的，从他们在清华园里相识，再到钱锺书去世，中间的六十几年时间，他们几乎很少分开。杨绛的记忆里几乎到处都是钱锺书的身影，他们一起出国留学，一起在清华任教，一起接受劳动改造。因此，杨绛的传记里，自然少不了关于钱锺书的大量篇幅。

时光荏苒，当初结伴而行的夫妇俩，后来只剩下杨绛一个人，生活终于脱下她华丽的外衣，暴露出它残忍的面目。

跌宕起伏的传奇过后，是宁静的余音袅袅，是饱满的精神沉淀。我们虽未曾参与，却可以在这样一段传奇中，汲取无穷无尽的力量。

百年风雨，呼啸而过，几十年的风风雨雨，多少次的起起落落，亲人的去世，爱人的别离，是这些人生的磨难造就了杨绛的超脱。这些年，她一个人孤独地行走于世，守着“我们仨”的回忆，平静而充盈地生活着。曾经残忍的时光和波折的岁月，在她的笑容里融化成了一束温柔而智慧的光芒，温暖着整个世界。

她如一座不朽的丰碑，屹立于尘世，她熠熠生辉的精神力量，更是指引了无数迷茫的人。

2016 年 5 月 25 日，杨绛先生走了，平静地告别了这个世界，留下了最珍贵的财富、留下了这一世风雨传奇，无数经典著作，还有沉甸甸的人生智慧。

而在时间之外，将不再有痛苦和离别，“我们仨”永远地团聚了。

如今，传奇写尽，搁笔之时，心中装满了感动、敬仰……也希望杨绛先生的故事，可以带给你智慧和力量，去笑对未来时光。